法的思考のすすめ
[第2版]

陶久利彦◎著
Toshihiko Suehisa

法律文化社

第 2 版へのはしがき

　本書を上梓してから 8 年が経ちました。その間，司法制度改革の大きな波のもと，法科大学院が設立されたり裁判員制度が導入されるなど，わが国での法をめぐる状況には大きな変化がありました。一方，本書を使って法科大学院の授業も行うようになりますと，もう少し詳しく説明すべきところや誤解を招きやすい箇所が目に付くようになりました。2006年に，それまでの法改正を反映した若干の補正をしましたが，それだけでは不十分と思われるようになったのです。

　そこで今回，本書全体に加筆修正を施して第 2 版を出すことにしました。本書の基本方針は初版と同じです。したがってその性質上，あまりに細かな論点に立ち入って説明を重ねることは避け，できる限り簡潔を旨としました。ただ，授業で補充説明がなされることを前提にするのではなく，本書を一読するだけで内容が理解できるようにつとめました。もっとも，問いを提示しただけで論述を終わらせているところもないではありません。答えを考えることは私の宿題でもありますし，読者のみなさんへの問いかけでもあります。問いを考えることによって答えが思い浮かぶとき，それまで分からなかったことがかすかに見えてくるでしょう。そうすると，次に新しい問いが生まれてきます。そのような問いと答えの連鎖こそが学ぶ楽しさなのではないか，と思います。

　これまで以上に法への関心が高まっている現在，読者のみなさんが本書をひもとくことで法を学ぶ楽しさをほんの少しでも感じて下さるならば，誠に幸いです。

　第 2 版を出すにあたり，今回も法律文化社の秋山泰氏と畑光氏に大変お世話になりました。厚く御礼申し上げます。

　2011年 1 月

　　　　　　　　　　　　　　　　　　　　　　　　陶久　利彦

　　　　　　　　　は　じ　め　に

　このところ，法律問題を扱う新聞記事やテレビ番組をよく目にします。私たちの身の回りにもめごとが増えたことの反映なのでしょうか？　あるいは，もめごとをめぐってさまざまに論じ合うこと自体が興味深いと感じられるようになっているのでしょうか？　本当のところは分かりませんが，一つ気になることがあります。およそ裁判には無縁と思われる人たちがあれこれと意見を並び立てた後で，法律専門家が唯一正しい答えを教えてくれるかのような印象を受けるのです。この印象が間違っていないとすれば，ここには二つの問題があります。一つは，普通の人が考えることと法律専門家の考えがどこかかけ離れているという前提があるように思われることです。二つには，もめごとの法的解決には唯一正しい解決があり，それは法律専門家が教えてくれる，と考えられているようです。
　私は，以上二つの前提には疑問を持っています。唯一の正解は存在しない，という立場から出発します。たいていは，いかにももっともらしいと思われる意見が複数あるものです。同時に，普通の人が考える答えをもっと広くもっと深く考え抜くことから法的解決への道が開かれると思っています。ふだんの生活から離れた一段高い場所に法律家が座っているのではないのです。
　とはいえ，世間の常識をわきまえた人がそれだけで法的な考え方を会得しているわけでもありません。両者は少し違っています。法的にものを捉えるということは，世の中に発生するできごとを法的ルールによって整理するという作業を中心にしています。ところが，これが結構やっかいなのです。初学者にはどうも取っつきにくいと思われがちです。私の経験からしても，ルールを中心にして論理を組み立てていく考え方になじめない学生が少なからずいます。一般的ルールをもっと具体的なルールに変える場合もそうですし，具体的事例から出発しその解決に適するルールを作ることもどうもうまくいかないようです。

はじめに　iii

　そこで本書は，若い男女の三角関係のもつれを題材にして，法律など何も知らない素人の考えから段々と法的な思考へと歩みだしてもらうことにしました。まずはなじみやすい事例から始めましょう。その事例を素材にして自分の頭でいろいろと考えてもらった上で，引き続き，法的ルールの特徴やあてはめ・事実認定等の論点，更には判例や法解釈学の性質などに話が及んでいきます。

　その際，二つのことを意識しました。一つは，できるだけ問いを明確にするということです。疑問の余地のない知識を要領よく体系的に説明するという方法を本書は採っていません。むしろ，なぜそのようなことが必要なのか，なぜそのように考えるのかという問いをたて，それらの問いに対して何とか答えを与えたかったのです。うまい説明になっているかどうか自信はありませんが，適切な問いを出すことができれば，もう答えの半分は与えられています。

　二つは，判決文を直に読んでもらうようにしたことです。一部引用をも含めて明治時代や大正時代の判決文も掲載しました。原文のままですと非常に読みにくいかもしれないと思い，拙い現代語訳を試みたり濁点や句読点をつけ加えました。このような引用は意図的です。現在は過去の歴史の上に立っています。法律学も例外ではなく，その姿を知ろうとするならば歴史的視点を欠かすことができません。私にとっても明治や大正の判決文を読むことはいささか苦痛ですが，歴史文書を読むと思って下さい。

　それにしても，人は法律学を勉強してそれをどう使おうとするのでしょうか？　私はこう考えています。人は一人だけでは生きていけず，いつも他の人との共同生活の網の中で生活をしています。その秩序をできる限り明確なことばで表現しているのが法です。法は，人と人とのおつきあいの基本を述べており，人によって作られていきます。その法が実際上その姿を最も明瞭に表すのは，もめごとを処理するときです。どんなふうにもめごとを処理するかは結局，人とどう接するかにかかっています。そして，いかに人に接するべきかと言えば，他人を人として尊重し，他人に誠実に接し，不当な扱いを受けている人の身に寄り添いながら助力の手をさしのべることではないか，と思います。法律学はそのための一つの有力な手だてを与えてくれます。

ごく簡単に言えば，以上のような考えに基づいて本書は書かれています。本書をひもといたあなたが，本書で扱っているかなり技術的な事柄を越えて更に法を学ぶ意欲をもってくださるなら，望外の幸せです。

　私の勤務する東北学院大学法学部では，1994年度から一年生向けの「専門導入科目」の一つとして「法的思考入門」が開講されました。「法的思考入門」は，二部構成になっています。議論一般の構造を論ずる部分と，特に法的な思考について論ずる部分がそれです。私は，そのうちの後者すなわち法的思考や法的判断等に関する講義を担当してきました。本書は，毎年改訂を重ねてきたその講義案を発展させたものです。

　講義案を作成するにあたっては，同僚諸氏に大変お世話になりました。いちいちお名前をあげることは控えますが，批判と寛容の精神に満ちた同僚と仕事ができることは，私の大きな喜びです。作成後も，同僚諸氏あるいは学生諸君，更には2年間担当した仙台市市役所職員研修での受講生から多方面にわたるご批判を頂戴しました。できる限りご批判に応えようと試みましたが，至らない箇所は多々残っていると思います。特に，手を加えていくにつれ抽象的叙述がますます増えていったのは，反省すべき点です。その欠を補うためできるだけ具体例を挿入したつもりですが，どれほど成功しているかは分かりません。読者のみなさんから忌憚のないご批判をいただければ幸いです。連絡先は以下の通りです。

suehisa@tscc.tohoku-gakuin.ac.jp

　本書ができあがるには，法律文化社の畑光氏，秋山泰氏にひとかたならぬご尽力を賜りました。心より御礼申し上げます。

　2002年10月

陶久　利彦

［付記］　なお，第5刷にあたり若干の補正をしました。一つは，最近の法改正による条文の変更を反映させたことです。二つには，若干の誤植を訂正し，最後に本文の表現に少し手を入れました。（2006年4月）

目　　次

第 2 版へのはしがき

はじめに

序　章 …………………………………………………………………………… 1

第 1 章　ものごとの善悪を考える ………………………………… 3

　第 *1* 節　もめごととその処理のしかた …………………………………… 3
　第 *2* 節　どのようにして理由づける？ …………………………………… 8
　第 *3* 節　ルール論法での二つの理由づけ ……………………………… 22

第 2 章　法 的 思 考 ……………………………………………………… 48

　第 *1* 節　裁判をどのように理由づける？ ……………………………… 48
　第 *2* 節　判決文の紹介 ……………………………………………………… 52
　第 *3* 節　判決文に見られる法的論理について一般的に説明する …… 66
　第 *4* 節　婚姻予約についての判決の論理 ……………………………… 75
　第 *5* 節　判決文の再構成 …………………………………………………… 89

第 3 章　判決文の批判的検討 ……………………………………… 91

　第 *1* 節　隠された前提の 1：法的ルール自体が明確に示されていない … 91
　第 *2* 節　隠された前提の 2：過去の判決例を探そう ………………… 93
　第 *3* 節　判　　例 ………………………………………………………… 102
　第 *4* 節　隠された前提の 3：損害賠償額の算定 ……………………… 111

第4章　判決文に対する外在的批判 …………………………………113
　　　　――大前提としての法的ルール・その解釈・事実認定の外在的理由づけ――

　　第 1 節　大前提としての法的ルール ……………………………………113
　　第 2 節　法律解釈 ……………………………………………………………116
　　第 3 節　事実認定 ……………………………………………………………124
　　第 4 節　法解釈学 ……………………………………………………………131

第5章　ま　と　め …………………………………………………………136

　　第 1 節　法的議論では何が重要な論点か？ ……………………………136
　　第 2 節　法的解決の限界 ……………………………………………………139

参考文献 ……………………………………………………………………………141

序　章

　次の文を読んで，以下の問いを考えて下さい。判決文を参考にしていますので，重要な事実が必ずしもすべて述べられているわけではないことに注意して下さい。

　A男とB子はいずれも福岡県K町に住み，同じくT高校に通学しているうち相思相愛の仲となり，同校を卒業後昭和28年3月頃M旅館において互いに将来夫婦となることを約束して肉体関係を結んだ（二人とも，そのとき成年に達していた）。その後間もなくA男は東京の大学に進学したが，B子はK町の自宅にとどまり，A男が卒業し就職したならば夫婦として一家を構えることができるだろうと，その日の来るのを待ち望みながら日々を送っていた。その間お互いに慕情を書きつづった文通を交していたので，B子はその後他から申し込みのあった縁談も断り，一途にA男に想いを寄せていた。A男もまた休暇でK町に帰省するとその大半をB子の家で過ごし，B子と情交を重ねていた。A男およびB子の両親は，本人同士が互いに将来結婚の約束をしていることを知っており，A男が大学卒業後就職すれば結婚させてもよいと考えて二人の関係を黙認していた。また，近隣の者も二人が将来夫婦となるであろうことを噂していた。

　ところがA男は昭和32年1月頃から東京においてC子と親しくなり，ついにC子と情交を結ぶまでの仲となった。そして，C子とこのような関係を続けながら，一方ではB子に対しC子との関係を生ずるに至ったことを詫びると共に学資の一部を送金してくれるように頼んで，しばしば手紙を出していた。そこで事情をよく知らないB子としては，A男とC子との関係を清算し

てもらいたいばかりに昭和32年夏頃からA男が大学を卒業する昭和33年3月頃まで数回にわたり，合計6万円をA男宛送金した。

それにもかかわらずA男は，昭和33年3月大学を卒業し就職すると同年4月C子と同棲し始め，B子に対し文通を断ち自分の住所を隠してしまった。しかしB子はA男を諦めきれず，ようやく1年後にA男の住所が分かったので昭和34年4月上京し，A男に会って自分への愛情を取り戻したいと考え，その旨を申し入れた。だがA男はもうB子への愛情がないことをほのめかして申し入れに応じず，ついにその頃B子と夫婦になる意思のないことを最終的に明らかにした。

（1）　あなたはA男の態度をどう思いますか？
（2）　あなたはB子の態度をどう思いますか？
（3）　もしあなたがA男なら自分の立場をどのように弁護しますか？
（4）　もしあなたがB子ならA男に対し何を求めますか？　その理由は何ですか？

＊当時の6万円は現在のおおよそ100万円と考えて下さい。

第1章　ものごとの善悪を考える

第1節　もめごととその処理のしかた

1　社会生活の中でもめごとは必ず発生する

　B子はA男を相手にして，損害賠償を請求する訴えを起こしました。判決は地方裁判所と高等裁判所とで判断が異なり，結局最高裁判所にまで持ち込まれました（最高裁判所判決昭和38年12月20日『最高裁判所民事判例集』17巻12号1708頁以下。序章に述べた事件の概要は同1718頁を参考にし，少し表現を変えてあります）。

　なぜ，A男とB子はうまくいかなくなってしまったのでしょうか？　なぜ，うまくいかなくなっただけではなく，もめごとと言ってよい事態に至り，果ては裁判ざたにまでなったのでしょうか？　二人が愛を誓い合ってから最終的に判決が出るまで，10年の歳月が流れています。長い時間は，二人にとってどんな意味をもったのでしょうか？

　一般的なことから話を始めましょう。この世には実にさまざまな個性をもった人が暮らしています。その誰もが，生きていく上で最も基本的な衣食住への欲求をもっています。加えて，物質的・精神的・社会的等の欲求をもち，それらを満たしたいと願っています。おいしいものを食べたい，すてきな家に住みたい，愛情をいっぱい与えたり受けたりしたい，業績を上げて人から評価されたい，自分の夢を最大限に実現したい，自分の生き方について人からとやかく言われたくない等々のことです。個性が違うということは，これらの欲求の中身や量が人によって多少違っている，ということです。

　そこでもし，一人一人の欲求すべてを満足させるほど物質的・精神的・社会的等の資源が豊かであるならば，もめごとは起こりません。異なった欲求は，

それぞれの個性を反映した単なる趣味の問題です。ところが，資源にはたいてい限りがあります。限られた資源に対して同じ欲求をもつ人が増えてくるならば，競争が起こります。競争自体がもめごとになることもあります。あるいは，競争に敗れた人が自分の欲求こそが正当であると思うならば，その人には大きな不満がくすぶるでしょう。解消できない不満を爆発させることが，もめごとにまで発展することもあります。

他方，資源が限られているならば，人々は手持ちの資源を他人のそれと交換するようになります。そのときの交換物相互の価値が不釣り合いであるとき，もめごとの起きる可能性が高くなります。

しかし，もめごとが発生する原因は，単に限られた資源をめぐる意見や利害の衝突とか不愉快な思いに尽きるのではありません。更に加えて，相手方に対する支払い請求が拒絶されたり，逆に相手方からの要求を不当なこととして拒否することが繰り返されることからも生じます。そこでは少なくとも当事者の一方に，自分の要求ひいては存在自体が他人から正当に扱われていないという不満や怒りがあります。

具体例をあげてみます。隣に住む人が自宅を増築した結果，自分の家の日当たりが悪くなったり，風が通らなくなったとしてみます。隣人は，自分の家のことなのだから自分の快適な生活を享受したいと思い，「増築は所有者が好き勝手にしていい。」と主張するかもしれません。それに対し，日照や通風が制限されたしまった側は，「所有者といえども隣人に配慮して増築をするべきではないか。」と苦情を述べることでしょう。

あるいは，共稼ぎの家庭で家事・育児のほとんどを妻が負担するならば，妻には夫への不満がたまりやがては離婚に至ることもあります。妻は「どうして私だけが大変な思いをしなければならないの⁉」と，思うでしょう。

更には，盗まれた自転車をそれと知らずに買った人と，元の持ち主との間のもめごとを考えてみましょう。この場合，悪人は別のところにいて彼（女）の被害にあった善人同士が争っているのですから，双方共に自分の要求が正しいと思うはずです。

もめごとの現実を深く見据えた人は，ときに桃源郷やユートピアを描きました。しかし，それらは憧れの対象か皮肉にすぎません。現実の社会生活には，小は二人の間の他愛ないいさかいから大は戦争に至るまで，必ず何かしらもめごとが起こります。たしかに，もめごとは生活に一定の刺激を与えてくれます。とはいえ，そのままずっと放置されてよいわけではありません。いたるところでもめごとが起きているような社会に，私たちは耐え切れないからです。もめごとは解消されなければなりません。あるいは解消できないまでも，もめごとがもたらす不快感を何とか我慢できる程度にまで和らげなければなりません。では，いかにして？

2　今まで得た知識や経験を総動員して考えてみる

　序章の事件で，A男とB子の間で話し合いによる解決がなされるならば，言うことはありません。しかし，B子がA男に結婚を迫ったりあるいは損害賠償を請求する一方でA男はいずれの要求にも応じない，ということも十分考えられます。そればかりか，A男が暴力団に頼んでB子に泣寝入りを強いるなど，何らかの暴力や威圧的力を用いることによってもめごとの処理を図ろうとすることもありえます。けれども，これが望ましい解決方法であるとは思われません。むきだしの力による解決は，一方の当事者に不満を残し，新たなもめごとの火種になることもあります。そこで，A男でもB子でもない**第三者にもめごとの解決を依頼する**方法が考えられます。

　その第三者としてあなたがA男・B子双方から相談を受け，何らかの解決案を示してくれるように求められた，と仮定してみて下さい。その際，あなたが頭の中でいろいろと思いめぐらすことを**道徳的思考**と呼び，その上で最終的に下す判断を**素人の道徳的判断**と呼んでみましょう。というのも，あなたはまだ物事を法的に解決できるほどの専門知識をもっていないのですから，素人と呼ばれてよいからです。また，ここでの判断は，一定の事実を踏まえたうえで，ある行為が悪いのか・正しいのか・ことのほかすばらしいのか・さほど良くないのか等々の**善悪や適否の評価を下す**という意味で，広く道徳的と呼んでよ

いからです。最後にあなたは，どちらか一方の主張を代弁するのではなく，あたかも裁判官に似た公平な第三者の立場に立つと仮定してみましょう。

■ *課題1*： さて，あなたはどのようなことを考慮してどんな判断を下すでしょうか？

3 あなたとは違う意見をもつ人がどこかに必ずいる

ところで，私たちはそれぞれ個性をもった人間なのですから，ある問題について異なった意見をもつのが普通です。*課題1*に答えようとして一所懸命になって考えたあなたの意見についても，それとは違う考えをもつ人が必ずどこかにいて，「どうしてそうなるの？」とたずねるはずです。そのときあなたはどうするでしょうか？　その疑問を無視するでしょうか？　それとも政治力や，腕力のような物理的力に訴えて，相手をむりやり押さえ込んでしまうでしょうか？　いずれもほめられたやり方ではありません。本書ではむしろ，意見の違いはお互いの議論と説得をうながすきっかけであると考えてみましょう。

議論や説得では，ことばをいかにうまく使うかということが重要です。ただし，本書では場面場面に応じたレトリックの問題を扱う余裕はありません。そうではなく，ことばを使っていかに論理的あるいは理性的に意見を組み立てたり交換したりするのかということを中心に考えます。もちろん，ことばや論理や理性には限界があります。意見の違いがそれぞれの根本的人生観や世界観にまでさかのぼるならば，いつまでたっても食い違いは残るでしょう。けれども，ことばや論理や理性への信頼がなければ，私たちの平和な社会生活はなりたちません。

そこで，自分の意見が誰かから疑問視されたならば，あなたはその「なぜ？」という問いに真剣にとりくまなければなりません。その際，自分の考えを弁護し相手を納得させるような理由づけを示さなければなりません。そうすることが，彼（女）を議論の相手として十分尊敬するということです。およそ議論をするときには，相手に批判のための時間を十分に与え，その批判に謙虚に耳を

傾け，論点を整理し，自分の考えを的確に述べ議論がかみ合うように努力しなければなりません。自分が真剣に考えてもいないことや嘘を言うことは許されません。すぐ感情的になったり，逆に相手の感情をあおるようなことばを弄したり，意図的に論点をずらしたり，自分が不利になると相手の人格攻撃を始めるようなことは，控えなければなりません。議論を通じて説得が成功しなかったならば，理由づけが間違っていないかあるいは不十分ではないか，ともう一度考え直さなければなりません。

　でもなぜ，こんなに多くの「〜なければならない」ことを守りながら議論をし「なければならない」のでしょうか？　誰であれ，一所懸命になって考えた意見が他人から批判されるならば，面白くないのは当然です。「どんな意見をもとうと私の勝手じゃないか！」とつい言いたくなります。そのような態度が高じてくると，自分の意見への批判を人格全体の否定であるかのように感じて批判を全く受けつけない人も出てくることでしょう。批判は自分に向けられると不愉快であるばかりか，相手に向けても相手を同じように不愉快にさせてしまいがちです。「相手に不愉快な思いをいだかせるような行為をしてはならない。」という信条を誰もがもっているならば，お互いの意見を批判するなんてとんでもないということになるでしょう。その方が一見平和です。でも，それでいいのでしょうか？

　そもそも私たちは，自分の欠点に気づきにくい反面，他人のそれをめざとく見つける傾向をもっているようです。ですから，自分の意見こそが正しい，とつい思いがちです。しかし，それはたいてい誤解です。一人だけではさほどのことを考えることができないばかりか，偏った意見にも陥りやすいものです。物事を正確に知ることはいうまでもなく，善悪を判断するときにも一人だけでは不十分なのです。では，誰がこの不十分さを補ってくれるのでしょうか？　他人しかいません。自分の能力の不十分さと限界を素直に認めるならば，私たちは他の多くの人々の助けを借りてそれを補充・訂正するしかありません。お互いに議論をし批判をしあうことは，小さな自分に固執することから他人と真剣に関わり合うもっと大きな自分へと成長していく重要な一歩なのです。

たしかにそこでは，批判されるという痛みがあります。批判するという勇気が必要です。ついつい興奮し冷静ではいられないこともあるでしょう。しかし，お互いに批判し合うということは，暴力を使わないで相手をやっつけることなのではありません。むしろ，自分の意見を一度突き放して検討の対象にし，もっと別の見方がないかどうかを数多くの視点から眺めることです。そうすることによって私たちは，それまでの自分の意見がいかに視野の狭い底の浅いものだったかを知らされます。批判者は自分を高め豊かにしてくれる得難い人なのです。論争をして勝った負けたなどと言うことほど愚かなことはありません。

では，私たちはどのようにすれば自分の意見を作り上げうまく理由づけるばかりか，批判的見解に反駁し，違う意見の人を説得することができるのでしょうか？　実際の議論ではさまざまな論点が考慮され，いろいろな理由づけが用いられますが，以下では，典型的な三つのタイプの理由づけだけを考えてみましょう。一つは情に訴える論法であり，二つは功利論的論法であり，最後は，ルール論法です。

第 2 節　どのようにして理由づける？

1　情に訴える

後に述べる功利論的論法とルール論法の二つが外見上はあくまで論理の展開という形を取るのに対し，論理というよりはむしろ情や感性に訴える理由づけをまず考えることができます。たとえば，「B子がかわいそうだ。」とか「A男は悪い奴だからこらしめてやるべきだ。」と言われることがあります。人は目の前の行為から受ける感情や情緒を判断の理由にします。あるいは，行為者の意図や心情をくみとってそれを判断材料にすることもあります。「A男は悪気があってB子と音信不通になったわけではない。」といった表現はその例です。

たしかに，情が道徳的判断に及ぼす影響は小さくありません。それどころ

か，最終的に人々を納得させ現実の行為へと動機づける力は，論理よりも情の方がはるかに強いでしょう。完璧な論理もどこか腑に落ちないところが残るならば，受け入れられないものです。**同情や共感，正義感情，人情，誠意**といったことばを思い浮かべて下さい。これらのことばによって表される情は多くの人々の心に宿っており，私たちのふだんの生活を支配しています。

　では，もめごとは情に訴えかけさえすればすべて解決できるのでしょうか？　残念ながらそれは困難です。なぜなら第一に，情の中身のとらえ方は人によってかなり違うことがあるからです。たとえば，交通事故の被害者が加害者に対して「誠意を見せろ！」と言う場合，「誠意」の内容は双方で非常に異なることでしょう。第二に，情の中身は一度刷り込まれると容易に変わらないという特徴があります。特定の情に一度支配されると，複雑な事実関係の中でその情に訴えかけてくるもの以外の側面が目に入ってこない危険性があるのです。そして第三に，同一の事柄について人々の抱く情が異なる場合があります。そのとき情に訴える論法だけを使うならば，お互いに「私の感情からすればあなたの意見は到底受け入れられない。」と述べあうだけに終わるでしょう。水掛け論を越えることはできません。第四に，たしかにその一方で，「悪い奴だ。」とか「けしからん。」といった否定的表現にみられるように，多くの人々に共有される感情や感覚もあることでしょう。しかし，では悪い奴だからどうすればいいのかというもっと細かな具体的対応策を検討する段階になると，情はなんだかぼんやりとしていて人々の意見を統一させる力を必ずしももっていないのです。

　そこで，私たちの道徳的判断はもっと冷静にお互いが議論できるようなかたちで**理由づけられるべき**ではないのだろうか，と私は考えます。違った情や感性をもっている人にとっても，「なるほどその通り。」と思われるような理由づけを考えるべきではないでしょうか？　熱い情を心の中でもちながらも，正面に出されるべきはあくまで情を越えた論理であるべきだと思います。これは，次の二つの態度を促進する意味をもっています。

（ⅰ）　情や感性を異にする人々に対しても寛容になる。
（ⅱ）　多くの人々に共通する土俵として論理を信頼する。

　でも，違った情や感性をもっている人にとっても「なるほどその通り。」と思われるような理由づけなど本当にあるのでしょうか？　私は，「共感はできないけれども理解できる。」という表現がその可能性を示唆しているように思います。同じ感情をもつことはできないけれども，もし一定の前提に立つとすれば論理的に詰めていってこのような結論に至ったり，あるいは別の前提を必要とするに違いないという理屈を考えることはできます。つまり，上の（ⅰ）や（ⅱ）で指摘したことは，「情を理解する論理」という基本的考えに基づいています。その意味で，論理は情に対して一定の距離をとる態度をうながし，個性豊かな人々が全面的ではないとしてもある程度お互いに平和的に物事を処理することを可能にするのではないかと思います。
　では，情に基づく論法が不十分であるならば，それ以外に結論を道徳的に理由づけるどのような方法があるのでしょうか？

2　解決案がもたらす結果を考慮する

　考えつくさまざまの解決案が将来どのような結果をもたらすであろうかと予測し，その善し悪しを基準にして道徳的判断を下そうとする論法があります。これを功利論的論法と呼びましょう。その大原則は，最大多数の最大幸福を実現せよ！（あるいは，できる限り不幸を少なくせよ！）というものです。そうすると，考えられる解決案が「最大多数」の（あるいは「できる限り少ない」）人々に対し「最大幸福」（あるいは「最小不幸」）を実現するのかどうかを検討しなければなりません。そこで，たとえば「A男はB子と結婚するべきである。」という解決案が思い浮かんだとして，以下に功利論的論法を展開してみましょう。
　この解決案にしたがって二人が結婚したならば，当事者にとってどのようなプラス（＝幸福）とマイナス（＝不幸）が生ずるでしょうか？
　まず，B子についてはどうでしょうか？　A男を好きで好きでたまらないB

【図1】

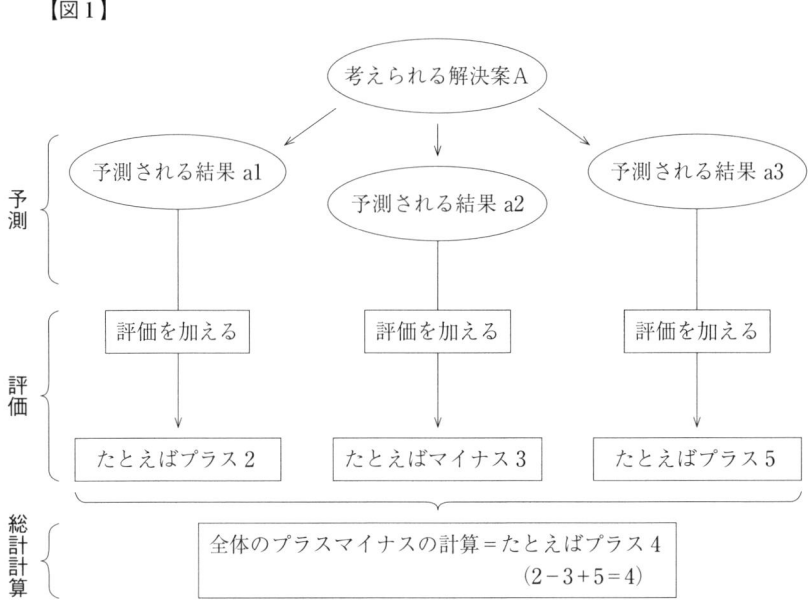

子にとっては，結婚はかねてからの願望そのものです。しかし，結婚生活が長くなるにつれ，不承不承に結婚したA男から愛情のひとかけらも感じ取れないことが段々つらくなり，ついには耐えられなくなるかもしれません。つまりこの解決案は，B子にとって短期的にはプラスをもたらすけれども，中長期的にはマイナスが大きいと言わざるをえないでしょう。

では，A男にとってはどうでしょうか？　彼にとって今更B子と結婚することは，マイナス以外の何物でもありません。というのも，もはやB子に対する愛情は全く冷え切っているからです。まして，C子との間で同棲関係が始まっているのですから，B子との強制的結婚はC子に対しても多大の精神的・物質的損害を及ぼすでしょう。

このように，A男とB子の結婚という案は，A男やC子にとってのみならず，B子にとっても中長期的にはマイナスかもしれません。A男，B子，C子以外の当事者として，それぞれの親族を考慮に入れたとしても，プラスが格別

増えるとは思えません。以上のことから、A男とB子の結婚は、マイナスの総計がプラスの総計をはるかに越えることが予想されます。最大「幸福」どころの話ではありません。したがって、A男とB子の結婚以外の形で、当事者の争いが解決されるべきです。では、「最もプラスの大きい」（あるいは、「最もマイナスの少ない」）解決策とは何でしょうか？　それを探りだそうとするのが功利論的論法です。

　そもそもどのような解決案を思い浮かべるかも困難な作業です。しかし、ここではさしあたり解決案Aが思い浮かびそこから三つの結果a1, a2, a3が予測されたと仮定して、功利論的論法の流れを【図１】のように図示してみましょう。

■　*課題2*；　当事者をA男とB子に限定した場合、どんな解決案が彼ら二人にとっての最大幸福（あるいは、最小不幸）を実現するでしょうか？　上の例にならってまず複数の解決案を考え、それぞれがもたらす将来の結果を予想し、最後に全体としてどれほどのプラス・マイナスになるかを計算して、答えて下さい。

要するに、この論法に従うと私たちは、
①　何よりもまず、数多くの解決案を考えなくてはなりません。そのためには豊富な経験が必要とされます。
②　続いて、ある一つの解決案が誰に対してどのような結果を将来生じさせるのか、予測しなければなりません。これは想像力を要します。
③　更に、そのように予測された結果が、それぞれの当事者にとってどの程度プラスなのかマイナスなのかを評価しなければなりません。
④　最後に、②③をふまえながら、特定の当事者にとってのプラスマイナスばかりではなく、当事者全体にとってのプラスマイナスの総計を計算しなければなりません。
⑤同じようにして、次々といくつかの解決案についてプラスマイナスを検討します。その上で、どの解決案が「最大多数の最大幸福」（あるいは「最小不

幸」）を満たすのかが判定されます。

　したがって，この論法を用いたあなたの道徳的判断が批判されるならば，上の①〜⑤のいずれかもしくは全部に関して議論が展開されることになります。そして，そのいずれについても，ある程度の意見の一致が見られる一方で，実はかなり疑問をよびおこすような論点があります。

　私たちは，将来生ずるであろう結果をどの程度正確に予測できるのでしょうか？　将来とはいつまでなのでしょうか？　先の説明では「短期的には」とか「中長期的には」といった表現を使いましたが，それらは正確にはいつまでなのでしょうか？　また，誰について将来の結果を考えればいいのでしょうか？更には，予測された結果を，どの程度プラス（＝幸福）やマイナス（＝不幸）として評価できるのでしょうか？　プラスマイナスを量的に測定できる公平な第三者はどこかにいるのでしょうか？

　以上のような疑問があるにもかかわらず，功利論的論法は道徳的判断の中で一定程度重要な役割を果たしています。というのも，幸福とか不幸は実に分かりやすい理由づけですし，この論法を使うことによって人は未来を支配できるかのように思えるからでしょう。そしてまた，プラスマイナスの正確な数値化は困難であるとしても，解決案相互間で全体としてのプラスマイナスを比較することは不可能ではありません。その際たとえば5段階評価でプラスマイナスを考えるならば，相互の比較もある程度均等になるでしょう。

3　ルールを中心に考える——ルールとその適用——

　最後に，あらかじめ存在するルールを目の前の具体的事件に適用することによって，もめごとを処理しようとする考え方に移ります。この考えを，以下では**ルール論法**と呼ぶことにします。功利論的論法とは違って，ある解決案がもたらすであろう将来の結果を予測し評価する必要はありません。法的な考え方の大きな特徴はルール論法にありますので，道徳的判断について述べているこの箇所でもルール論法に関する説明を長くします。できるだけ簡単なものから徐々に複雑なものへと進んでいきます。

ところで，ルールとは一体何でしょうか？　掟・きまり・規則などといいかえてみても，その内容が明らかになったとは言えないようです。先にあげたＡ男とＢ子の結婚という解決案を例にとって考えてみましょう。もし誰かが「なぜＡ男はＢ子と結婚しなければならないの？」という疑問を投げかけたならば，どう答えるでしょうか？　すでに説明した功利論的論法は未来へと視線を投げかけ，Ａ男とＢ子が結婚した場合に将来生ずるであろうさまざまな結果を予測し，そのプラス・マイナスを評価しました。その結果，結婚が一番プラスの大きい解決案であるならば問題はありません。そうではなく結婚がマイナスしかもたらさないならば，今度は新しい解決案を考え最終的に「最大多数の最大幸福」（あるいは「最小不幸」）を満たす解決案を選択します。

　これに対しルール論法は，過去へと視線を遡ります。「Ａ男のような人はＢ子のような人に対して結婚のような行為をするべきである。」ということがあらかじめ定められており，Ａ男やＢ子や結婚はこの「～のような」ものにあてはまるからだと答えようとします。この「　」でくくられ「～のような」を含む文章で表されるようなきまりを，ルールと呼びましょう。そうすると，ルールに含まれる主語は特定の個人ではありません。「～のような」人という形で，もっと普遍化されています。同じように，述語も具体的行為ではありません。「～のような」行為という形で，もっと一般化されています。そして何よりも「…である」のではなく，「…であるべきだ」とか「…してはならない」とか「…してもかまわない」といった表現をとります。以下で単にルールと言うときには，このような普遍的で一般的なルールを指すことにします。

　参照：ルールから排除されるものの例として以下の５つをあげておきます。
　（ⅰ）「山田さんは佐藤さんに５万円支払うべきだ。」　　　（個別的主語，具体的述語）
　（ⅱ）「山田さんはボランテイア活動をすべきだ。」　　　　（個別的主語，類型的述語）
　（ⅲ）「山田さんは他人に親切にすべきだ。」　　　　　　　（個別的主語，一般的述語）
　（ⅳ）「中国の地震被害を痛ましく思う人はユネスコに１万円を出すべきだ。」
　　　　　　　　　　　　　　　　　　　　　　　　　　　　（限定的主語，具体的述語）
　（ⅴ）「日本人は皆ユネスコに１万円を出すべきだ。」　　　（普遍的主語，具体的述語）

そこで，特にA男とB子の事件を念頭に置きながら，ルール論法の単純な一例をあげてみましょう。

① 他者に対し不誠実な行為をした人はすべて，その償いをしなければならない。　　　　　　　　　　　　　　　　　　　　　　　　　　（＝大前提）
② A男はB子に対し不誠実な行為をした。　　　　　　　　　　　（＝小前提）
③ したがって，A男はB子に対し償いをしなければならない。
　　　　　　　　　　　　　　　　　　　　　　　　　　　　　　（＝結　論）

見られるように，大前提にルールが位置し，その大前提に含まれることば（＝ここでは「不誠実な行為」）に個別・具体的事実（＝ここではB子に対するA男の一連の態度）をあてはめた小前提を挿入し，そこから結論を導くという三段論法の形をとっています。ルール論法とは，要するにこのような型の三段論法に基づく理由づけです。もっと一般的に単純化して言えば，次の【図2】のようになります。

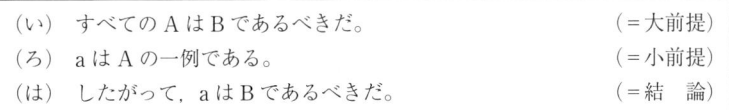

(い)　すべてのAはBであるべきだ。　　　　　　　　　　　　（＝大前提）
(ろ)　aはAの一例である。　　　　　　　　　　　　　　　　（＝小前提）
(は)　したがって，aはBであるべきだ。　　　　　　　　　　（＝結　論）

【図2】

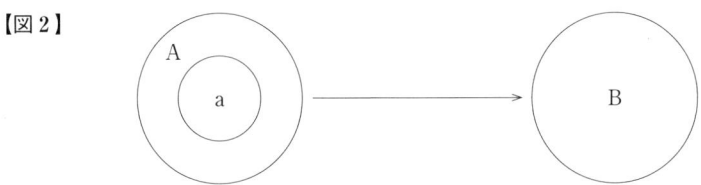

上では主語がAとaのみ，述語もBのみというきわめて単純な文章を考えています。これに対し，述語部分のBとそのBに含まれるかもしれない個別事情bを考えることもできます。次の【図3】のような展開です。

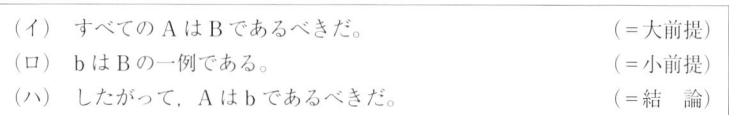

【図3】

　図を見れば明らかですが、この(イ)～(ハ)について言うならば、結論は必ずしも正しくありません。なぜなら、たとえばcのように、b以外にもBに含まれるものがありうるからです。Aは、cのように「Bに属するけれどもb以外のもの」であるべきだと言うこともできます。bとBが同一であるときにのみ、上の(イ)～(ハ)の論理展開は正しくなります。

4　ルールを展開してみる──三段論法の一つの型──

　とはいえ、A男とB子の事件を念頭に置くならば、上の①～③、(い)～(は)、更には(イ)～(ハ)のいずれもかなり単純な論理展開であるばかりか、まだ不完全であるように見えます。たとえば、A男はB子に対し本当に「不誠実な行為」をしたのでしょうか（つまり、aは本当にAの一例なのでしょうか）？また、仮にA男がB子に償いをしなければならないとしても、どのような償いをすればいいのでしょうか（つまり、Bの中にはbやcが本当に含まれるのでしょうか）？　このような疑問に答えるためには、上の①～③をもう少し詳しいものに変えなければなりません。そこでまず、A男がB子に対し本当に「不誠実な行為」をしたのかどうかという問題だけに限定して、箇条書きの形で論理を展開してみましょう。このときには、そもそも「不誠実な行為」とはどのような行為なのかが問われるでしょう。

> ① 他者に対し不誠実な行為をした人はすべて，その償いをしなければならない。　　　　　　　　　　　　　　　　　　　　　　　（＝大前提）
> ② 男女間の交際で「不誠実な行為をした」ということの意味は，真心のある態度を示さなかったということである。（＝「**不誠実な行為をした**」ということばを「**真心のある態度を示さなかった**」ことといいかえる。ことばの解釈）
> ③ A男はB子と将来夫婦になることを約束し，B子から合計6万円の送金を受けていたにもかかわらず，東京でC子と同棲を始め最終的にB子と結婚する意思のないことを明らかにした。　　　　　（＝事実の確認）
> ④ ③で確認された事実関係によれば，A男は「他者である」B子に対し「真心のある態度を示さなかった」　　　（＝③を②にあてはめる）
> ⑤ したがって，A男はB子に対し不誠実な行為をした。
> 　　　　　　　　　　　　　（＝④と②からの論理的帰結＝小前提の獲得）
> ⑥ したがって，A男はB子に対し償いをしなければならない。
> 　　　　　　　　　　　　　　　　　　　　　　　　　　（＝結　論）

　上の箇条書きで述べられたことを，次の【図4】で表現し直してみましょう。一番上には大前提であるルールとその中に含まれることばがあり，一番下にはA男とB子の間で生じた事実関係があります。矢印の方向は，ルールから始まって事実関係へと降りていき，やがて事実関係の中で拾い上げられたものにルールが適用されるという形を取っています。

5　ルールをもう少し詳しく展開してみる

　少々くどいかもしれませんが，【図4】をふまえて，A男とB子の事例につき，ルール論法に即した次のような論理を展開してみましょう。上の「不誠実な行為」云々とほぼ同じですが，今度は「義務」と「損害」という二つのことばを含むルールを考えてみます。

(1) 私たちは常に誰に対しても誠実であるべき義務を負っている。これは誠実義務と名づけられる。

【図4】

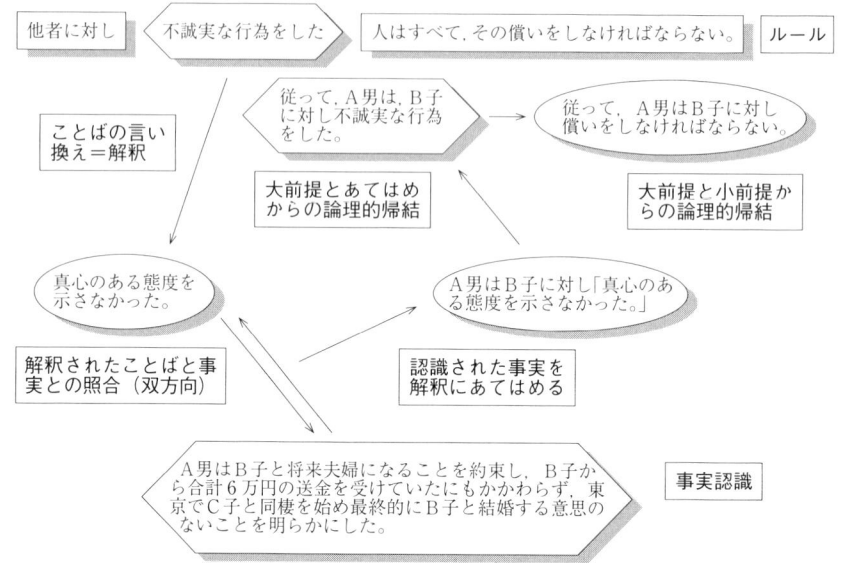

(2) 誠実義務に反し，そのことによって他者に損害を及ぼした者は，償いをするべきである。

(3) 男女間の交際で「誠実義務に反する」ということの意味は，真心のある態度を示さないということである。

(4) A男はB子と将来夫婦になることを約束し，B子から合計6万円の送金を受けていたにもかかわらず，東京でC子と同棲を始め最終的にB子と結婚する意思のないことを明らかにした。

(5) (4)で確認された事実関係によれば，A男はB子に対し真心のある態度を示さなかった。

(6) したがって，A男はB子に対する「誠実義務に反して」しまった。

(7) 「他者」とは問題となっている行為者とは別の人間のことである。

(8) B子はA男とは名前も生まれも育ちも性もDNAも違う。

(9)　(8)で確認された事実によれば，B子はA男とは別の人間である。
(10)　したがって，B子はA男にとって「他者」である。

(11)　「損害」とは精神的・物質的な不利益のことである。
(12)　A男との結婚が破談になったことによって，B子は何よりも多大の精神的ショックをうけた。
(13)　(12)で確認された事実関係によれば，A男はB子に「精神的不利益」を及ぼした。
(14)　したがって，A男はB子に「損害」を及ぼした。

(15)　「そのことによって」とは，「誠実義務」に反する行為と「損害」との間に社会的常識から見て「なるほどもっともだ」と思われるような因果関係があることを言う。
(16)　A男との結婚が破談になったことこそが，B子に多大の精神的ショックを与えた。
(17)　(16)で確認された事実関係によれば，A男の行為とB子の損害との間には社会的常識から見て「なるほどもっともだ」と思われるような因果関係がある。
(18)　したがって，A男の行為「によって」B子に損害が生じた。

(19)　以上のことから，A男は誠実義務に違反し，そのことによって他者であるB子に損害を及ぼした。
(20)　したがって，A男はB子に償いをするべきである。

(21)　男女関係での償いとは，すなわち結婚以外にありえない。
(22)　したがって，A男はB子と結婚するべきである。

以上の論法は，いかにもくどくど複雑に見えるかもしれません。しかしよく見

れば，【図4】に示した論理展開が何回も積み重なって全体ができているのが分かると思います。(2)の道徳的ルールには，解釈を要することばが少なくとも五つあるので——「誠実義務に反する」・「そのことによって」・「他者」・「損害」・「償い」——，それぞれのことばの解釈という作業が中間に加わり，若干複雑になっています。上の(1)〜(22)までの論理的性質を説明すると，次のようになります。

(1)＝私たちのあるべき行為について述べる，大前提としての道徳的ルール
(2)＝(1)が破られたときの効果を含む，大前提としての道徳的ルール
(3)＝大前提としての(2)に含まれることば（＝誠実義務に反する）の解釈
(4)＝事実の認定
(5)＝(4)で確認されたA男の行為を③の「真心のある態度を示さない」行為の一例としてとらえる。あてはめ，または包摂
(6)＝(3)(4)(5)からの論理的帰結
(7)＝大前提としての(2)に含まれることば（＝他者）の解釈
(8)＝事実の認定
(9)＝(8)で確認された事態を(7)の「別の人間」の一例としてとらえる。あてはめ，包摂
(10)＝(7)(8)(9)からの論理的帰結
(11)＝大前提としての(2)に含まれることば（＝損害）の解釈
(12)＝事実の認定
(13)＝(12)で確認された事実を(11)の「精神的不利益」の一例としてとらえる。あてはめ，包摂
(14)＝(11)(12)(13)からの論理的帰結
(15)＝大前提としての(2)に含まれることば（＝そのことによって）の解釈
(16)＝事実の認定
(17)＝(16)で確認された事実を(15)の「社会的常識から見て『なるほどもっともだ』と思われる因果関係」の一例としてとらえる。あてはめ，包摂

第1章 ものごとの善悪を考える

【図5】

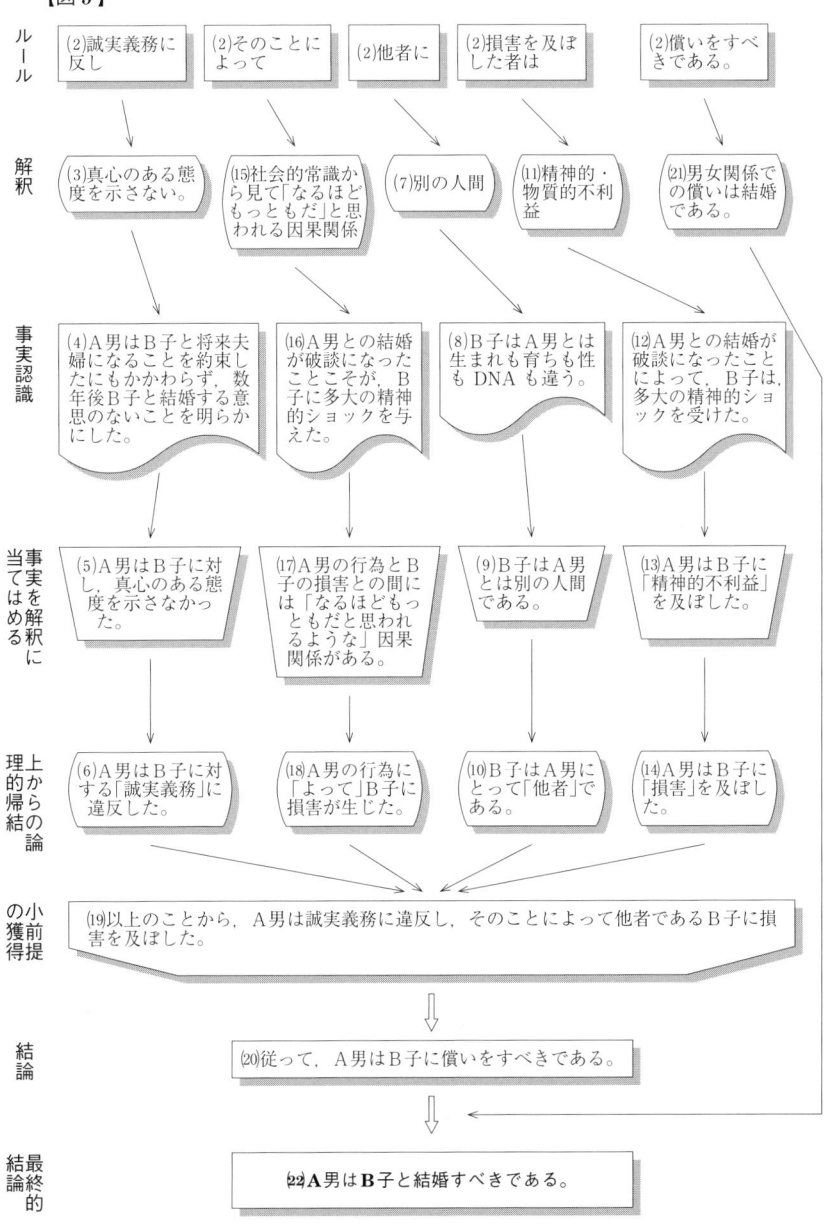

(18) ＝ (15)(16)(17)からの論理的帰結

(19) ＝ (6)(10)(14)(18)からの論理的帰結（＝全体の小前提の獲得）

(20) ＝ (2)(19)からの論理的帰結（＝一つの結論）

(21) ＝ (2)に含まれることば（＝償い）の解釈

(22) ＝ (20)(21)からの論理的帰結＝最終的結論

　更に，上の展開を【図5】に示してみましょう。ここでは，先の「不誠実な行為」の場合とは違って，スペースの関係でルールの事実関係の間に存在する循環関係をうまく図示することができません。むしろ，ルールから結論へと直線的に下へ下へと矢印が向くように描いてあります。しかし，循環関係のように描くことも可能ですのでその点だけ注意して下さい。

■　**課題3**；　あなたが功利論的論法に基づいて課題2の答えとした解決案を，(1)〜(22)を参考にしながら，ルール論法を用いて導いてみなさい。

第3節　ルール論法での二つの理由づけ

　さて，あなたの意見が(22)の結論と違うならば，その理由を大きく二つに区別することができるでしょう。(1)〜(21)を(22)の結論を導くための「前提」と表現するならば，一つは，ある前提から次の前提への論理的移行に疑問がある場合です。これを**内在的理由づけ**の問題と呼んでみます。もう一つは，結論を導く諸前提そのものが本書での例示とあなたの意見とでは全く異なっている場合です。これを**外在的理由づけ**の問題と呼んでみましょう。いずれにせよ，「なぜ意見が違うのか？」ということを執拗に問い詰め，自分の考えに対しても「本当にこれでいいのだろうか？」と繰り返したずねてみて下さい。

1　内在的理由づけ（理由づけの論理的整合性・無矛盾性）

　そもそも，(1)から(22)に至るまでの論理展開に矛盾や不十分さが無いのかどうかを

問うことによって，議論を解決することもできます。たとえば，(22)の結論として，「だから A 男は B 子に 100 万円の慰謝料を支払うべきである。」と述べるならば，それは論理的に見て誤りです。なぜなら，上の論理展開——特に(21)——では慰謝料のことは何ら触れられておらず，男女間での償いは結婚であると明言されているからです。この理由づけは非常に重要ですが，本書ではすぐ後の外在的理由づけの方に力点をおきます。内在的理由づけに関しては，よく見られる論理展開を［A］～［D］にかけて取り上げるにとどめます。なお，これらの例では道徳的ルールだけを扱ってはいません。話を一般化するため，経験的事実についての法則性を述べた主張も含まれていることに注意して下さい。

［A］《判断を導く材料や基準あるいは尺度が違う》
（ⅰ）　私の子どもは私とよく似ている。
（ⅱ）　私の子どもは可愛いとよく言われる。
（ⅲ）　したがって，私は可愛い。

　この論理展開が変であることは，直感的にすぐ分かると思います。ここにいう「私」が陶久であるならば，目の前にいる陶久を見れば結論のおかしいことに疑いはありません。また，中年男性に対して「可愛い」という表現を使うのが言葉の用法としておかしい，という指摘ももっともです。でも，論理展開としてどこがおかしいのでしょうか？
　（ⅰ）で「私の子どもは私とよく似ている。」と言うとき，親子二人がどんな点で似ているのかを問うことができます。眉の形であったり，声であったり身のこなしであったりするでしょう。同じように，（ⅱ）に言う「私の子どもは可愛い。」という判断についても，何に基づいて私の子どもが可愛いと言われるのかについて，何らかの判断材料や基準を探すことができます。しぐさが愛らしかったり，大人からの働きかけに対してすぐに正面から反応してくれたり，「可愛さ」についてもいろいろな判断材料や基準を考えることができます。そうすると，（ⅰ）を導く判断基準と（ⅱ）の判断をもたらす判断基準とが違うこと

がありえます。いや，むしろ同じである方が珍しいでしょう。当然，判断基準の違いに応じて，同じ判断材料が違った評価を受けます。たとえば，眉の形は親子間の類似性を際だたせるかもしれませんが，可愛くはないかもしれません。したがって，「私の子どもは私とよく似ている。」ことから直ちに「私は可愛い。」という結論を導くことはできません。

けれども，比較されるのが親子ではなく同世代の同性であるならば，どうでしょうか。

［Ｂ］《似ているものをどう扱うか？》
　　　（ⅰ）　彼は妻夫木聡とよく似ている。
　　　（ⅱ）　妻夫木聡はハンサムである。
　　　（ⅲ）　したがって，彼はハンサムである。

この論理展開は，たしかに厳密ではないかもしれませんが，少なくとも［Ａ］よりももっともらしく見えます。（ⅲ）を「したがって，彼はおそらくハンサムだろう。」といいかえるならば，説得力は更に増すことでしょう。親子間の類似性よりも同世代・同性間の類似性の方が，一方の性質付けを他方に及ぼしていくことを，容易にしているようです。ここには，「似ているものは同じように取り扱われるべきである。」という考え方がからんでいます。

［Ｃ］《主語の範囲や述語の意味が違う》
　　　（ⅰ）　岩手県人は実直な人柄で知られている。
　　　（ⅱ）　小沢一郎氏は岩手県人である。
　　　（ⅲ）　したがって，小沢一郎氏は素晴らしい政治家である。

ここには二つの問題があります。一つは，主語の範囲の違いです。（ⅰ）で言う岩手県人についての判断がすべての岩手県人にあてはまるならば，結論としてまず「したがって，小沢一郎氏は実直な人柄である。」となるでしょう。そ

の上で第二に，実直な人柄である小沢一郎氏が政治家として素晴らしいのかどうかということが問われます。これは，（ⅰ）と（ⅲ）の述語部分で述べられた事柄相互の連関性を問うことです。上の結論である（ⅲ）を導くためには「実直な人柄」である人が例外なく「素晴らしい政治家」であるという前提が必要です。残念ながら，そのような前提が正しいのかどうかは明らかではありません。

[D]　《述語に含まれる範囲が違う》
　　（ⅰ）　歴史の教科書には歴史的事実のみが記載されるべきである。
　　（ⅱ）　第二次世界大戦中，韓国人の「慰安婦」がいたことは歴史的事実である。
　　（ⅲ）　したがって，韓国人の「慰安婦」の存在は教科書に載せられるべきである。

　この論理は，一見いかにももっともらしく思われます。新聞やテレビでもこのような推論にお目にかかることがあるかもしれません。しかし，この論理展開は必ずしも正しくありません。歴史的事実は，韓国人の慰安婦がいたという事実だけではありません。他にももっとたくさんあります。たとえば，東北学院大学が1886年に開設された仙台神学校に由来することも立派な歴史的事実でしょう。けれども，それが全国の歴史教科書に記載されるべきかどうかは別問題です。教科書にはたしかに歴史的事実だけを載せるべきだとしても，限られた頁数の枠内でどのような歴史的事実を教科書に採用すべきかは，別の判断基準を必要とします。先に示した【図3】（16頁）も参考にして下さい。

2　外在的理由づけの1；大前提の外在的理由づけ

　さて，内在的理由づけの問題では，結論を導く論理展開の整合性・無矛盾性を検討してもらいました。その場合には，[A]～[D]いずれの（ⅰ）も（ⅱ）も本当もしくは正当なことであると前提されていました。しかし，論理展開の誤り

や不十分さを指摘することとは別に，次のような問いを投げかけることもできます。すなわち，「彼は本当に妻夫木聡に似ているのだろうか？」と疑問に思ったり，「小沢一郎氏は岩手県人なのか？ 本当は東京生まれで東京育ちだけれども，選挙区だけが岩手県なんじゃないのか？」と疑ったり，「韓国人の『慰安婦』なるものはでっちあげではないのか？」と異議を唱えることです。このように，**結論の(iii)を導く前提自体**が本当に正しいのかどうかと疑問視されたとき，それらの正しさを理由づけることを，外在的理由づけと呼んでみます。そこで以下では，先に述べたルール論法の(1)〜(22)の論理展開を念頭におきながら，外在的理由づけについてもう少し詳しく述べてみましょう。そもそも外在的理由づけは何について必要になるのでしょうか？

第一に，(1)や(2)の**大前提自体**についてです。あなたは，誠実義務があることを認めますか？ もし誠実義務が行為の結果をすべて引き受けることを意味するならば，ふとした拍子に妊娠してしまったりさせてしまったときに，おなかの中の子どもを引き受けますか？ おそらく大いに迷うと思います。そこで，先の(1)や(2)の大前提自体に疑問を投げかけたいときには，次のようなやり方があるでしょう。

（ⅰ）　誠実義務の原則自体を認めない。
（ⅱ）　誠実義務の原則が一般に承認されていることは認めるとしても，「男女の関係は一種のゲームなのだから男女間については誠実義務などという堅いことは言うべきではない。」と主張する。
（ⅲ）　誠実義務の原則を認めるとしても，「償い」に着目して，たとえば「誠実義務に違反した者でも，男女間のことについては償いをしなくてもよい。」といった別のルールを支持する。

（ⅰ）は，誠実義務などというルールが本当にあるのかどうかという深刻な問いです。ここで言う「本当にある」というのは，圧倒的多数の人々によって「なるほどその通り。」と承認されているということです。したがって，その

ルールが人々によって実際に守られていたり，守らない人に対してそのことを理由にして非難が浴びせられるということです。しかし，大原則としてのルールを疑問視する人に対してはどう答えればいいのでしょうか？　議論を積み重ねていけば，いずれはすべての人が「なるほどその通り。」と思うルールが発見されるのでしょうか？　私は，基本的にはそう期待しています。というのも，ルールの成り立ちについて次のように考えているからです。

　まず指摘されるべきは，私たちが歴史的・社会的存在であるということです。私たちは，一方で私たち以前の人々が体験し表現した遺産を受け継ぎつつ，他方で現在おおよそ共通の体験をしておりだいたい似かよった人間関係を結んでいます。そして，その共通の遺産を次の世代へと渡していくのです。書きことばや映像や音声はそのための大きな手段です。私たち一人一人は相互に全く無関係な個別的信条のもとに生きているのではなく，そのようにして受け継がれ渡していく大きな歴史的世界に包み込まれているのです。そしてこの歴史的社会が，ある程度共通の価値観やルール観を産む土俵を設定します。その土俵は個人を成り立たせている一種の背景です。時代が古ければ古いほどその土俵は狭いものだったでしょうが，時代がたつにつれてだんだんと広がってきました。家族・氏族共同体・地域社会・学校・会社・ボランティア団体・檀家組織・市町村・都道府県・国家・国家連合・国際社会といった具合です。とはいえ，背景としての土俵の内容や範囲はその中で生活している人にとっては必ずしも明らかではありません。私たちは，十分に意識されていないばかりか複雑に絡み合っている土俵の根本的ルールを懸命に探しだし，それをことばや映像などで表現しようとするのです。でも，どのようにして探せばいいのでしょうか？

　手がかりは二つありそうです。一つは，一人一人の体験から出発することです。いくつかの体験を総称して生活の事実と呼ぶならば，人はそれぞれの生活の事実に接しそれと格闘する中で，一定の洞察を得ます。それが，一方では別の具体的事例にも妥当することが確認されたり，他方でバラバラの洞察の断片を統合する努力を重ねることによって，その人の信条になっていきます。本書

で例に出した「誠実義務」は，その一例です。その信条が，当人の枠を越えたもっと大きな歴史的社会のルールである，と思われることもあるでしょう。大前提となるルールに関する異なった見解は，この探求の過程で生まれてきます。

　もう一つは，他人の信条やその基にある生活の事実を自分のそれらと比較してみることです。ここで誰か他の人と議論をする必要性が強く意識されます。各人が独自の体験を反省することを通じてルールにまで昇華したと思われるものを互いに提案し合い，何が本当に多くの人によって「なるほどその通り。」と呼ばれるにふさわしいかを検討するのです。

　このような議論は，異なったルール観が前提にする事実認識とか人間観とか体験あるいは生活の事実とかを明るみに出してくれるでしょう。なるほど，大前提としての道徳的ルールはいずれも，われこそが歴史的社会の根本的秘密を明らかにしている，と主張するかもしれません。客観性や真理への要求です。ただ，それらはすべて真理であったり客観的でありたいと願う提案にすぎない，と考えた方がよさそうです。提案は，歴史的世界の中で人々が体験する生活の事実に照らし合わせることによって，そのもっともらしさや真実らしさが検討されなければなりません。それはちょうど自然科学の仮説の多くが実験を通して検証されるのと似ています。実験は実験室という閉じられた世界で完結するのではなく，研究者相互の議論や追実験を通じてその真実らしさが証明されます。同じように道徳的ルールのもっともらしさも，すべての人が参加できる議論を通してそれが歴史的世界の中で展開される生活の事実をどれほど深く的確にとらえているかによって検討されるでしょう。

　相互の議論は，一見したところ多様で矛盾するルール観を徐々に整理し，一つのルールへと人々の意見をまとめていく可能性をもっています。お互いの議論を重ねることが自らの体験への反省を深め，生活の事実と照らし合わせることによって道徳的真理への洞察を開かせるのではないか，と期待されます。あるいはそうでなくても，異なったルールを支持する人々相互の間で立場の違いを尊重しあうことを可能にするでしょう。逆に言えば，そのような深みにまで

達しなければ，議論が尽くされたとは言えないのです．

　上記（ⅱ）や（ⅲ）に移りましょう．男女間のことを例外とみなすことによって，原則としての誠実義務の適用を免れようとする《原則／例外》論法は，非常によく用いられます．そうすることによって，誠実義務という大原則を表向きで維持しながら，個別事情に即した柔軟な解決策を取る可能性が開けます．

■　*課題4*：　原則として殺人は禁止されるけれども，自分の身を守るための正当防衛であるならば，例外として許されることがあります．このような《原則／例外》の例を，正当防衛以外に考えて下さい．

3　外在的理由づけの2；事実認識の外在的理由づけ

　第二に，⑷，⑻，⑿，⒃の**事実認識**を争うこともできます．その際，もしあなたがもめごとや議論の当事者の一人であるならば，

（ⅰ）　先に述べられたような事実は全面的にあるいは一部間違っている，と主張するか，

（ⅱ）　自分は知らないと言うか，

の二通りがあるでしょう．もめごとの当事者は，たいてい違った事実を主張します．自分の主張を有利にするため意図的にそうするだけではなく，自分に都合のいいように記憶が作られたり消されたりするという心理作用もあります．その昔，政治家がよく「記憶にございません．」と弁解していましたが，その人はまるで嘘をついていたわけではなかったのかもしれません．

　さて，あなたが当事者双方から相談を受ける第三者であるという出発点に帰るならば，事実認識に関して以下の三つのことに注意して下さい．一つは**本当の事実と本当ではない事実の違い**であり，もう一つは**重要な事実とそうでない事実**との区別です．最後に，**事実認識と価値判断の違い**も意識しましょう．以下ではルール論法の問題をこえて，事実認識一般にも話を一部拡大します．

3-a 本当の事実と本当ではない事実を分けよう

A男が「結婚の約束なんかしたことない！」と言う一方で，B子の方は「あんなに約束して指切りまでしたじゃない！」と主張する，と仮定してみて下さい。道徳的判断はあくまで本当の事実に基づいて下されるべきです。では，どちらの主張が本当の事実を述べているのでしょうか？　あるいはそもそも，本当の事実はどこにあるのでしょうか？

おそらく神様だけが本当のことを知っています。とはいえ，この世のもめごとは人間の手によって解決されるほかないのですから，人間である第三者の目から見て本当の事実と思われるものを確定しなければなりません。ではどのようにして？　ここでは，三つのことを指摘します。

第一に大切なのは，あなたが当事者双方から相談を受けている第三者であることを自覚する，ということです。第三者はできるだけ公平に当事者の主張を聞かなければなりません。A男だけあるいはB子だけの主張を聞いて，何が本当の事実かを判定してはなりません。片方の主張にしか耳を傾けないならば，予断がいつの間にか作られてしまうおそれがあるからです。そうでなくても私たちは，この世に生まれ落ちて以来，一般に受け入れられていることばづかいや身振りを学ぶことによって，同時にさまざまな予断や偏見を無意識のうちに受け入れています。いつの間にか色眼鏡をかけて物事を見ているものです。ですから，あなたが何か世間の関心を引くような事件の報道に接するときには，報道されているのとは違う別の側面がないのかどうか，特に注意して下さい。カメラをどこに向けるかということ自体，カメラマンの主体的選択にかかっています。自覚的であるかどうかは別として，報道機関が特別の色眼鏡で事実を編集しているという側面もないわけではありません。

第二に，もしA男もしくはB子の主張する事実が本当であるとするならば，その前提としてどんな事実が存在したはずであるのか，またどのような事実がその結果として生じるはずであるのかを検討することが重要です。推理小説やサスペンス劇場でよく描かれているような，事実相互の因果関係に関する知識や人間心理についての洞察が必要とされます。

最後に，人間の目から見て本当の事実と思われるということは，もめごと解決の相談を受けたあなたがいろいろな証拠を総合してみた結果，かなり高い確信をもって本当の事実と思えればそれで十分だということです。できるだけ神様に近づく努力をするべきですが，人間には限界があることも忘れてはなりません。

3-b　重要な事実とそうでない事実を分ける

さて，本当の事実とそうでない事実とが区別されたとして，次に，重要な事実とそうでない事実の区別を指摘しましょう。私たちがある問題について意見を作りあげる際，何よりもまず一体どのような事実があったのかを知ることが大切です。事実認識が変われば，意見もたいてい変わります。ところが，事実と呼ばれているものは案外複雑です。A男とB子の事件は，たとえば平成14年度版『岩波判例基本六法』の民法第731条の所では次のように要約されていました。

「高等学校卒業直後の男女が将来夫婦になることを約して肉体関係を結び，男性は大学進学のため上京したが，帰郷の際には互いに情交を重ね，双方の両親もこの関係を知っていて黙認していたとの事情の下では，……（以下は法律論に入るので省略）。」

序章で読んだ事実と比較してみて下さい。『岩波判例基本六法』では，使われていることばはほぼ同じでありながら，序章での多くの事実が省略されていることに気づくでしょう。たとえば，A男が東京で新しい女性C子と同棲を始めたことや，B子がA男に合計6万円の仕送りをしたことは，『岩波判例基本六法』では何ら触れられていません。なぜでしょうか？　単に要約というだけでは説明がつきません。

ここで指摘したいのが，重要な事実とそうでない事実との区別です。『岩波判例基本六法』の編者からすれば，B子がA男に6万円の仕送りをしたことやA男が東京でC子と親しくなったことは重要な事実ではないようです。しかし，読者の中にはこれこそが重要な事実だと考える人がいるはずです。なぜ

こんな違いがでてくるのでしょうか？

　その答えは，この事件にどんなルールが適用されるのかによって，何が重要な事実であり何がそうでないのかが決められるというものです。ルール論法はルールを事実に適用することによってもめごとを解決しようとします。そうすると，適用されるルールの中のことばにあてはまる事実が重要な事実であり，あてはまらない事実は必ずしも重要ではないということになります。ですから，適用すべきルールの選択を間違ってしまうと，全くトンチンカンな答えが出てしまう危険があります。そのときには，ルールを別のものに変更しなければなりません。また，重要ではない事実についてそれが本当であることをいくら力説しても，結論に全く影響を及ぼしません。無意味です。

　適用されるべきルールがまだ明らかにされていなくても，重要な事実とそうでない事実とを分けるために，次のような問いをたててみて下さい。「もしその**事実が存在しないと仮定したならば果たして結論は変わるだろうか？**」たとえば，A男はC子と親しくならなかったけれどもやはりB子との結婚には踏み切らなかったとしたならば，B子に対するA男の態度はどう評価されるでしょうか？　もしこの仮定の下で結論が変わるならば，A男がC子と親しくなったことは重要な事実ということになります。もちろん，どの程度重要かというもう一つの問題は残りますが。

　ルール論法以外でも，重要な事実とそうでない事実との区別は大切です。たとえば，あなたが国道を時速60キロで運転していると仮定してみて下さい。そのとき，前を走っている車がBMWなのかワゴンRであるのかは，ドライバーにとって重要な事実でしょうか？　前の車との距離が10メートルなのかそれとも40メートルなのかは，重要な事実でしょうか？　デートの約束に間に合わせようとして急いでいるとき，いつも通る国道が大渋滞になっていることは，重要な事実でしょうか？

　このような例を考えてみると，置かれている状況の中で求められる**課題**や**役割**に応じて，あるいはめざしている**目的**との関連で，重要な事実とそうでない事実が分けられることが理解できます。

3-c　事実認識と価値判断とを区別しよう

　そして，本当で重要な事実をふまえた上で，どういう解決案が一番善いのかという判断が下されます。「B子はA男のことなどすっぱりとあきらめて新しい人生を早く歩んだ方がいい。」とか「A男はB子に土下座して謝った上で100万円の損害賠償を支払うのがよい。」といった判断がそれです。**善い**とか**悪い**という判断は，広い意味で評価もしくは価値判断と呼ばれます。事実認識と価値判断との類似点と相違点については，多くの議論が重ねられてきました。ここでは，両者の違いについてだけ私の意見を少し述べておきます。

　事実認識と価値判断は，論理的性質が違っています。少々難しいことばを使うならば，前者は経験的存在のありようを示し，後者は当為の内容を表します。前者は「～である」と言われ，後者は「～すべきである」という表現に最終的にいいかえることができます。

　事実認識は，「何があるのか」とか「何をしているのか」についての認識です。ことばの約束としてまず，認識されるべきものを**対象**と呼んでみましょう。対象は一方で，暦とかメートル法のように人々によって約束された共通の尺度を前提として眺められます。他方で，五感のように人間におおよそ共通に与えられた感覚によってとらえられます。その上で，これら共通の尺度を前提にしつつ，社会的に承認されたことばの使い方に応じて，対象が一定のことばによって表現されます。それが**事実**と呼ばれます。

　表現することばの違いによって，対象をさまざまに叙述することができます。たとえば，「B子が精神的ショックを受けた。」と言う場合，A男との関係が破綻した直後にB子が顔面蒼白になって倒れてしまい，そのまま何日も寝込んで食事もろくにのどを通らなかった，といった個々の事実がまず認識されます。次いでそれらを全体としてまとめた事実を指して，「B子が精神的ショックを受けた。」と表現されます。個々の事実の確認にあたっては，日数を数える暦が前提されていたり，寝込んでいる様子を見る人がいたり，その結果B子の体重が10kgも減ったなどということが指摘されるでしょう。これらは，当時のB子の様子を関係者から聞いたり，本人に問いただすなど証拠を集め

ていくことによって総合的に明らかになっていくはずです。このように，本当に「B子が精神的ショックを受けた。」という事実があったのかどうかは，証拠や証言に裏打ちされた議論を通じて最終的には誰もが納得のいく形で明らかにされることが期待されています。それ以前の個々の事実認識についても同様です。「客観的事実」ということばがこの事態をよく表しています。

　これに対し，価値判断は「何が善いのか」・「何をなすべきか」・「何が美しいのか」等についての評価です。この場合，たしかに人々の評価や価値判断の違いが議論を通じて最終的に解消されることもありえます。どのような手段が一定の目的達成のために最適であるのかに関する議論は，その一例です。再び，A男とB子の事件を取りあげてみましょう。A男はB子の心を最も満足させるような行為をするべきであり，かつまた，A男がB子に土下座して謝ることがB子の心を最大限に満足させるという一致した判断がなされた，と仮定してみます。そのときには，A男は土下座をするべきです。土下座が最も善い行為です。なぜなら，その行為こそが目的にとって最適の手段だからです。この点について，人々の意見は一致するでしょう。

　更には，手段としての評価に限らず，一定の価値判断そのものがほとんどすべての人によって支持されていることもあるでしょう。「一度した約束を手前勝手に破るような男はろくな奴ではない。」といった考えは，その例だと思います。

　しかしその一方で，価値判断の違いがいつまでたっても残ることもあります。特に，価値判断が人生そのものを支えるようなものであり，それだけに他人からの生半可な意見などでは揺るがないほど堅固である場合はそうです。情と同じように，評価ないし価値判断が当人の主観から完全に切り離されることはありえません。そして，ごく少数の人だけが支持する，基本的で譲り渡すことのできない価値というものもあります。

　このようにして，たとえば「A男はB子と結婚するべきだ。」という結論と「A男はB子に何もしなくてもかまわない。」という意見の間には，恋愛や結婚，自由と責任などに関する根本的人生観が反映されていることがあるので

す。それだけに，価値判断を述べるときには，大げさに言えば自らの全存在を賭けなければならないこともあります。価値判断は大福餅がいいのかそれともレアチーズケーキを好むかといった，単なる食べ物の好みや趣味の問題だけではありません。むしろ，物事と正面から向かい合い，他人の意見と真剣に格闘して初めて作り出される全人格的判断でもあるのです。そこから，価値判断についての厳しい責任も生じてきます。ここでの責任とは，一方では自分の価値判断に忠実に行為し，他方では多くの批判に耐え反駁する義務を負うという意味です。

　このような価値判断は，それが根本的であればあるほど滅多なことでは変わりません。とはいえ，全く同じ根本的価値判断をもったまま一生が終わるのかと言えば，そうでもありません。人間は変わりうる存在です。では何によって根本的価値判断は変わりうるのでしょうか？　本書で強調する他者との議論によってでしょうか？　たしかに，その可能性は否定できません。先に「外在的理由の１」の（ⅰ）（26頁以下）で，大前提であるルールへの疑問に関連して私は，その可能性について楽観的見通しを述べました。しかしそのときにも指摘しましたが，おそらく議論の元にあると同時に議論を通じて明らかにされる各人の根本的体験こそが決定的意味をもつでしょう。それまでの価値判断を根底から揺り動かすような生々しい体験をするとき，そしてその体験と真剣に向かい合うとき，急激にであれ長い時間をかけてであれ，人は根本的価値判断を変更します。その体験の中心には衝撃的事実があります。そして価値判断の根本的変更は，必ずや自らのからだに痛みを伴うほどの作業であるはずです。

　価値判断と事実認識とを区別する理由は，目下の議論が何について為され何を目的にしているのかを明確にするという点にあります。本書はＡ男とＢ子の間で発生したもめごとの解決をめぐって，意見を異にする人同士で議論を重ねる必要性を強調しています。その際まずは，確固とした証言や証拠を幅広く集めることによって，Ａ男とＢ子の間にどんな事実があったのかを究明することが必要です。この場合には，最終的に多くの人が納得できる結論にいたる可能性が高いでしょう。第二に，議論参加者のほとんどが同意する価値判断を

前提にした上で，どのような手段がA男とB子との争いを最も効果的に解決することができるのかという《目的／手段》に関わる議論もあるでしょう。第三に，大本の価値判断とそこから派生する価値判断との整合性を議論することもできます。最後に，最終的解決案の背後にあるそれぞれの根本的価値判断をむきだしにした議論もあります。このときには，各々の根本的価値判断がどのような体験を基盤にしているのかを相互に探り合い理解し合うことが重要です。異なったものへの尊敬の念をもつことができるほどに，議論が深められなければなりません。

さてそれでは，若干の例を挙げて事実認識と価値判断の区別をしてみましょう。次の(ⅰ)～(ⅴ)の文を読んで，それが事実認識にあたるかそれとも価値判断なのかを考えて下さい。

（ⅰ）　人間は皆，本来善人である。
（ⅱ）　人間は猿から進化した動物である。
（ⅲ）　脳死の人間は死んでいる。
（ⅳ）　人間は天使でもなければ動物でもない。
（ⅴ）　人間はこの地球上で一番知的能力に優れた動物だ。

（ⅰ）　性善説や性悪説は昔から唱えられてきました。では，どちらが人間に関する正しい認識かと言えば，そう簡単に判定することはできません。そもそも何を善いとし何を悪いとするかについても人々の意見が一致するとは限りません。仮に一致したとしても，人間には善い側面もあれば，悪い側面もあります。というわけで，(ⅰ)は価値判断です。

（ⅱ）　「進化」ということばを「進化はすばらしい。」といった価値判断から離れて定義することができるならば，(ⅱ)の主張は，猿と人の骨格や生活状態やDNAの構造やらを比較研究することによって最終的にその当否が判定されるように見えます。つまり，(ⅱ)は事実認識であると言うべきでしょう。

（ⅲ）　脳死がどのような状態であるかは，医学的に定義できます。しかし，人間の死を決めるのは医学だけではありません。むしろ，残される人が死にゆ

く人をどのように取り扱うべきかという社会全体の価値判断こそが重要です。したがって，(iii)は価値判断であると言うべきでしょう。

(iv) の主張は，事実認識とも価値判断とも取れるという意味で少々あいまいです。事実認識であるという場合には，何よりも天使について事実認識が可能であらねばなりません。もし可能ならば，(iv)は生物学的な認識であると考えればいいでしょう。つまり，一方で天使の特徴を数えあげ他方で動物の生物としての特徴を列挙し，最後に人間はどうなのかを判断すれば，それで済みます。

これに対し価値判断であると解するならば，この文章全体の基本的性質を(i)と同じように把握することになります。ここでの「天使」は一種のシンボルであり，善意とか無垢とかを表現していると考えられます。それに対し，「動物」も単純に生物学的意味での動物なのではなく，何か凶悪なものや衝動むきだしな状態のシンボルである，ととらえられるでしょう。

(v) 何をもって「知的能力」と理解するかが決められるならば，この判断は事実認識です。「知的能力」の理解いかんによっては，本当はゴキブリの方が人間よりも優れているのかもしれません。しかし，間違っているかもしれないとしても，(v)は事実認識です。

4 外在的理由づけの3；あてはめ（＝包摂）の外在的理由づけ

第三に，(5)や(9)更には(13)や(17)のあてはめや包摂を争うこともできます。大前提や事実認識について同じ意見であるとしても，その事実を大前提に含まれることばの一例としてとらえることに反対する人がいるかもしれません。たしかに，もめごとに関する事実はたいていきわめて複雑ですから，その事実を大前提の中のことばにあてはめることは，非常に困難なことが多いのです。この問題は必ずしも論理だけによって解決されるのではなく，社会通念や偏見，知覚構造更には価値判断が渾然一体となって介入してきます。しかし，そう述べるだけではあまりに漠然としていますので，もう少し細かくあてはめについて説明しましょう。説明の過程でだんだんと事実認識と解釈にも触れざるをえなく

なることは，あらかじめお断りしておきます。

なお，すぐ上では事実認識の特徴を価値判断と比較しました。以下で指摘したいのは，事実認識自体の中に幾重にも重なるあてはめと解釈が含まれているということです。

4-a　あてはめで何をしている？

そもそも，あてはめをするとき私たちはどんなことをしているのでしょうか？　たとえば，先の【図5】(21頁)での(2)に言う「損害」を考えてみましょう。【図5】の(11)では，「損害」を「精神的・物質的な不利益」といいかえた上で，B子の受けた「精神的ショック」を(12)で認定し，それを「精神的不利益」の一例であるととらえました。でもなぜ，「精神的ショック」が「精神的不利益」の一例になるのでしょうか？　先の(13)では，この点についてほとんど説明がなされないまま，「ショック」は当然「不利益」の中に含まれると考えられていました。でも，改めて疑問を述べることはできます。

そのときにはまず，一方で「精神的不利益」とはかくかくしかじかのことであり，他方で「精神的ショック」とはかくかくしかじかのことであると述べられるでしょう。そして，相互のかくかくしかじかを比較すると「精神的ショック」を「精神的不利益」の一例としてとらえることができるという答えが出てきます。そこで，たとえば「精神的不利益」とは「健全な精神の働きが害されることであり，精神的ショックによってもたらされることが多い。」といった解釈ないし定義を採用してみましょう。そのときには定義上，B子の受けた「精神的ショック」は当然「精神的不利益」をもたらす，というふうに答えられるでしょう。【図5】ではまだそれほど詳細に触れられなかった解釈とあてはめが，もう一段顔を出します。

ところが，事態はもっと複雑です。今，説明を簡単にするため「健全な精神の働きが害される」という点については脇に置いて，「精神的ショック」だけを取り上げてみます。そもそも「精神的ショック」とは何でしょうか？　その点が明らかにされていないと，本当にB子が「精神的ショック」を受けたの

かどうかも分かりません。「精神的不利益」だけではなく「精神的ショック」についてもことばのいいかえや解釈が必要になるのです。こうしてみますと，先⑿で事実認識と説明したところにも，実は解釈とあてはめが幾重にも介在しています。ただしその場合のあてはめは，ルールの中に含まれることばを解釈してできあがった新しいことばに対象をあてはめるのではありません。ルールの中に含まれることばを解釈したことばを更に解釈したものへ対象をあてはめるということです。

　そうすると，解釈は何度も続くように見えます。「ルールの中に含まれることばを解釈したことばを更に解釈したことばを更にもう一度解釈したことばへ対象をあてはめる。」といった具合です。これは，対象を表現することばには抽象度や視点の違いがあり，必ずしも一つに限定されないという事態と関連しています。対象は，お互いに微妙なズレをもちながらも幾重にも連なっている複数のことばを用いることによって，いくつもの「事実」として表現されます。対象は何らかのことばによって事実として表現されるしかなく，そのことばに応じた側面がその都度当面のことばにあてはめられているのです。ただし，だからといって解釈やあてはめが無限に行われるかと言えば，決してそうではありません。解釈やあてはめが社会的意味をもたなくなれば，その必要はなくなります。今私たちが論じているところでは，道徳的意味といいかえてもさしつかえありません。

　ちなみに，ここで社会的意味とか道徳的意味とか言う場合，社会的もしくは道徳的観点から見て人々に一定の行動をうながしたり，事実に対する見方を変えたり等，人々の実践的行動に対して一定の影響力をもちうるということを考えています。

　そこで以下では，「精神的ショック」について，更に解釈がなされその解釈されたことばに新たに対象をあてはめる作業が加わる事情を説明しましょう。

4-b 「精神的ショック」をどう説明するか？
——典型的イメージの想起とあてはめ——

　まず，定義です。ここでは，「末梢組織への有効な血流量が減少することに

よって臓器・組織の生理機能が障害される状態」といった医学的定義——『南山堂　医学大事典』第18版「ショック」の項による——は脇に置きます。その代わり，たとえば「精神的ショックとは大きな心理的衝撃の意味であり，『目の前が真っ暗になった。』とか『頭の中が真っ白になった。』といった比喩的表現が用いられたり，体重の減少やめまいとか立ちくらみなどの血圧の低下更には表情の乏しさなどのように，外側から観察される身体的変化を伴う。」といったいくつかの特徴を列挙してみます。そうすると，B子の様子を細かく観察してこれらの要素とつきあわせる（＝あてはめる）ことによって，B子が本当に精神的ショックを受けたのかどうかが判定されることになるでしょう。

　上の定義から明らかなように，「精神的ショック」の場合には，ただ単に外面からいろいろな観察を行うだけであてはめがなされるとは限りません。むしろ，精神という人間の内面に寄り添ったあてはめも考えるべきです。その心理的衝撃全体を比喩的に表現したのが，「目の前が真っ暗になった。」とか「頭の中が真っ白になった。」ということです。本当にB子が「精神的ショック」を被ったのかどうかについては，それを判断する人の実体験と照らし合わせて「目の前が真っ暗になった。」といえるかどうかが検討されるでしょう。追体験の可能性が問われます。

　他方，体重の変化は体重計で一律に測定できるとしても，「めまい」とはどのようなことでしょうか？　また，何をもって「表情の乏しさ」と言うのでしょうか？　そんな疑問に直面しますと，「精神的ショック」ということばを成り立たせている要素一つ一つについて更に細かな説明ないし解釈が必要になることが分かります。繰り返し述べているように，【図5】では，話を簡単にするためことばの解釈は一度しか行われていません。しかし，一度だけの解釈ではあてはめがスムーズに行われない場合，ことばのおきかえや要素への解体すなわち解釈は，何度も行われる可能性があります。そして，最終的にはもうこれ以上別のことばにおきかえることが**無意味**であると思われる地点に到達するはずです。そこが，あてはめの働く最も基本的な次元です。

　この次元では，問題となっていることばに典型的にあてはまるものを，一種

のまとまりをもったモデルやイメージあるいは像として思い浮かべるしかありません。なぜなら，当のことばを別のことばにいいかえる解釈は，もはや不可能だからです。

　めまいについて考えてみましょう。言うまでもなく，めまいの症状は医学的に説明することができます。上記南山堂『医学大事典』では「臨床的には，めまいは運動覚や位置覚の異常を訴えるものをいい，体の回転感，動揺感，昇降感，傾斜感さらに軽い意識障害を伴った精神的，身体的平衡障害を含むものに及んでいる。……（以下省略）」と説明されています。しかしふだんの生活では，めまいに関する詳しい医学的説明はさほど意味をもちません。むしろ，何か典型的なめまいの姿をこのことばに結びつけるだけで十分です。初めてめまいということばを学んだとき，そのことばが使われた状況が典型的なイメージとしてそれぞれの人の記憶にとどめられているはずだからです。そしてめまいの状況とは，ただ単にめまいの症状に限定されるのではなく，介抱したり救急車を呼んだりといった周囲の人々の対応も同時に含まれています。

　もっとも，すべてのことばに個人の現実体験に基づく典型例が結びついているかと言えば，怪しいところです。私たちの経験する範囲は限られています。めまいにしても，典型的なイメージが形作られるのは，テレビや舞台での俳優の演技によってであるかもしれません。だからこそ，目の前の対象を素直に直視するという事実認識の重要性が強調されるべきなのです。

　そして，このようにして典型例を想い起こすことは，最も基本的な次元に限定されるわけではありません。もう少し抽象度の高いことばについても，それが一定の社会的意味や道徳的意味を伴うと，同じことを指摘することができるようになります。たとえば，めまいをそのうちに含むであろう精神的ショックということばも，一定の典型的イメージを伴うようになります。対象は，**その典型例とどの程度似ておりどの程度ズレているかという観点から観察されます**。実際，現実の精神的ショックの様子は千差万別です。上に紹介した，一種の定義に示された指標のすべてをもっている精神的ショックもあるかと思えば，そのうちの一部しか満たさないけれどもやはり精神的ショックと呼んでさしつかえ

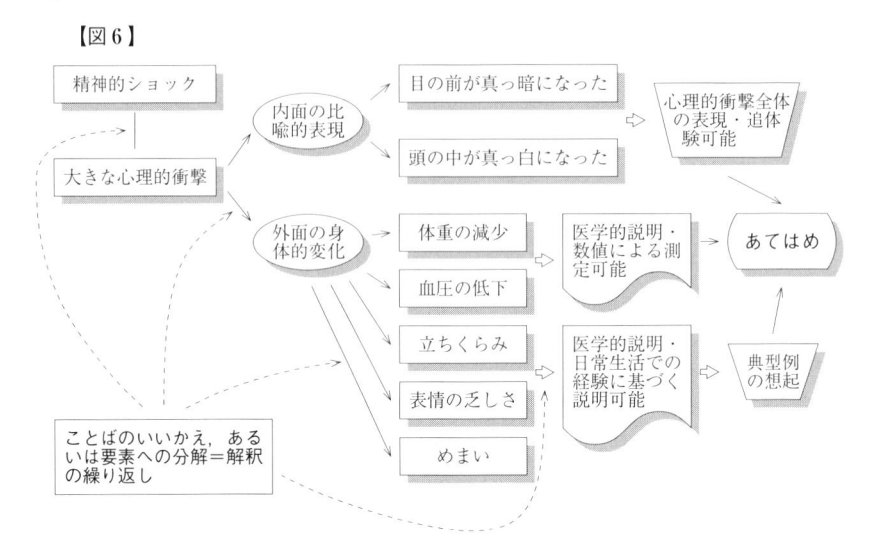

【図6】

```
精神的ショック ──→ 内面の比喩的表現 ──→ 目の前が真っ暗になった    心理的衝撃全体
                                                              の表現・追体
      ↓                           ──→ 頭の中が真っ白になった    験可能
大きな心理的衝撃 ──→ 外面の身体的変化 ──→ 体重の減少  医学的説明・
                                                   数値による測  ──→ あてはめ
                                    ──→ 血圧の低下  定可能
                                    ──→ 立ちくらみ  医学的説明・
                                                   日常生活での  ──→ 典型例
                                    ──→ 表情の乏しさ 経験に基づく      の想起
                                                   説明可能
                                    ──→ めまい

ことばのいいかえ，ある
いは要素への分解＝解釈
の繰り返し
```

ないものもあります。同じことが，本書でずっと話題にしている婚約ということばについても言えるでしょう。

4-c　あてはめのまとめと図示

　まとめます。ルールに含まれることばへ対象をあてはめることを考えるとき，私たちはまず当のことばを目の前の対象につきあわすことができるように，もう少し具体的なことばに変換しようとします。それが解釈と呼ばれ，あてはめが可能になるまで何度か繰り返されます。他方，対象の方も最も直接的な感覚や印象の次元をこえて，さまざまな抽象度をもった複数のことばにあてはめられます。そうすることによって，対象は多種多様な事実として表現されます。ところが，解釈がもはや不可能になる最も基本的な次元では，何らかの典型的イメージをそのことばに結びつけるしかありません。私たちは，目の前の対象が当のことばにあてはまるかどうかを，イメージとの距離を測りながら検討しているのです。もう一つ付け加えるならば，そのイメージはある程度抽象的なことばにもつきまとう可能性があります。

今まで述べたことを【図6】に示してみましょう。ただし，この図では精神的ショックについてだけ説明し，ある程度抽象的なことばに付着する典型的イメージについては触れられておりません。

4-d　課題を解いてみよう！——あてはめと解釈と事実認識との相互連関

解釈や事実認識とあてはめが密接に関連していることをもっと明確にするために，次の二つの課題を解いてみましょう。

■　*課題5*；　いのししが禁猟の対象になっている一方，豚はそうではないと仮定しましょう。では，「いのぶた」は禁猟の対象でしょうか？

生物学的に見て，いのぶたが豚やいのししとどの程度似ているか違っているかを思い浮かべるだけでは，答えを出すことはできないでしょう。いのぶたは豚といのししとをかけ合わせた動物なのですから，当然と言えば当然です。また，いのぶたの心理を追体験することも難しいでしょう。むしろ，いのししがなぜ禁漁の対象になっているのか，なぜ豚がそうなっていないのか，というルール設定の目的を問いかけるべきです。その目的に照らし合わせることによって，このルールが念頭に置いているいのししや豚の意味が解釈を通じて明確にされます。

■　*課題6*；　「猛犬を連れて列車内に立ち入ることを禁ず。」というルールがあったと仮定します。ところが，蛇をこよなく愛する人が自分のペットである青大将（体長2メートル内外のヘビ。無毒）を首に巻いて列車に乗ろうとしたとします。あなたが列車の車掌であるならば，上のルールに基づいて彼の乗車を拒否できますか？　その理由は？

この課題を問いかけると，まず10人中8，9の人は「拒否できる。」と答えます。なぜなら，いくら無毒とはいえ蛇を首に巻いて列車に乗車しようなどという行為ははなはだ非常識であり，他の乗客に対して著しい迷惑を及ぼすと予

測されるからです。「迷惑を及ぼす」という説明は功利論的論法に即しています。ルール論法を貫こうとすれば、「ルールに言う『猛犬』とは乗客に迷惑をかける動物の例示にすぎない。」といった解釈を付け加えなければなりません。「猛犬」ということばを普通一般の意味で受け取るならば、蛇は猛犬ではありません。しかし上のような解釈をほどこしますと、蛇はこのルールでの「猛犬」にあてはまるということになります。ただし、「猛犬」を普通の意味に受け取ってどうして悪いのか？　という疑問に対してこのような説明で本当に説得的かどうかは、更に一考を要します。

4-e　あてはめは価値判断にも関係する

　最後に、あてはめに関連して価値判断との関わりを指摘しましょう。これまでの説明では、あてはめはあたかも事実認識についてだけ問題にされるかのようでした。けれども、実際はそうではありません。私たちがふだん使うことばには、いろいろな意味で価値判断や評価がつきまとっています。ことばを何度も解釈していった末にたどりつく典型的イメージとか像も、例外ではありません。それが社会的意味をもっている限り、何らかの価値判断と無関係ではありません。

　たとえば蛇ということばを聞くと、たいていの人は蛇と呼ばれるどこかで見た動物をイメージするでしょう。目の前の動物がはたして蛇なのかどうかを判断しようとするならば、そのような典型的イメージがあてはめを左右する尺度になります。ところがそのイメージによって同時に、「何だか気持ち悪い」とか「悪賢い頭脳をもっている」とか「家の守り神だ」といったさまざまな価値判断や感情が呼び起こされるはずです。

　このような価値判断が無条件に正しいのかどうかは、別の問題です。社会的に承認されていることばの使い方や価値判断が、無意識のうちに予断や偏見を助長していることにも注意を払うべきでしょう。

5　外在的理由づけの4；解釈の外在的理由づけ

最後に，(3)や(7)や(11)更には(15)や(21)の解釈を争うという方法があります。たとえば，

（ⅰ）(3)に関して，「男女間での『誠実義務』とは，自分の気持ちに誠実であるべきことを意味している。気持ちが離れてしまったら，その心変わりにこそ誠実であるべきだ。いつまでも昔の気持ちを引きずることはかえって『誠実義務』に反している。」と述べたり，

（ⅱ）(7)に関して，「『他者』とは単に別の人なのではなく，家族を除く別の人という意味である。」と解釈したり，

（ⅲ）(11)に関して，「損害賠償の対象になる『損害』の中には，結婚のために購入した嫁入り道具一式のように，専ら物質的不利益が含まれるのであって，精神的不利益は対象外である。」と解釈したり，

（ⅳ）(15)に関して，「そのことによって」とは，そのことがなければ違った結果になっていたであろうという意味，つまり，そのことが結果に対して必要条件であるだけで「そのことによって」と言える，と述べることも可能です。

（ⅴ）(21)について，「『償う』の意味は，必ずしも当事者が不本意な結婚に甘んずることではない。仮に情交関係があってもそれと結婚とは別問題であり，むしろ償いは金銭的なそれ以外にはありえない。」と主張することも考えられます。そしておそらく，大多数の人はこの新たな解釈に賛成するでしょう。

解釈の問題については，あてはめと事実認識との関連ですでに若干触れました。法的思考の部分で改めて別の観点から詳しく述べることにします。

6　道徳的三段論法

さて，以上では外在的理由づけが問題とされる次元として，①大前提としての道徳的ルール，②事実認識，③認識された事実のルールへのあてはめ（＝小前提の獲

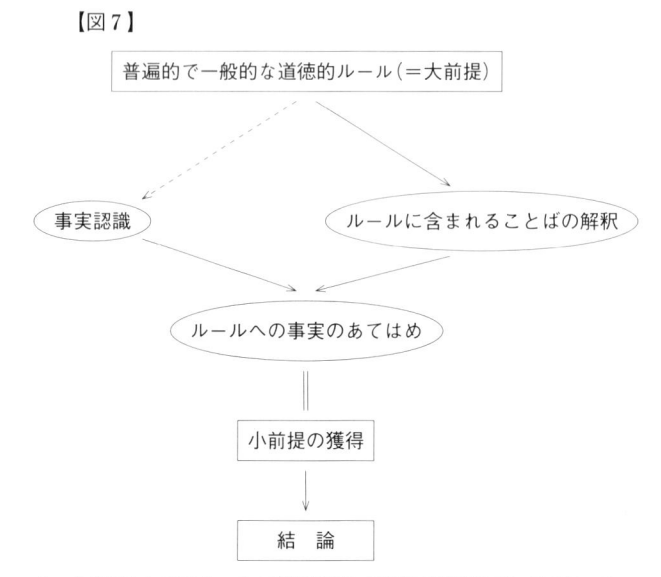

【図7】

```
        普遍的で一般的な道徳的ルール（＝大前提）
              ⇣           ⇣
         事実認識      ルールに含まれることばの解釈
              ⇘           ⇙
            ルールへの事実のあてはめ
                   ‖
              小前提の獲得
                   ↓
                 結 論
```

* 大前提としてのルールと事実認識とが破線で結ばれているのは，ルールに導かれて事実認識が行われる側面に注目したものです。もとより，だからといってルールに適合するように事実をゆがめたり捏造することを認めているわけではありません。念のため。

得），④ことばの解釈の４つを指摘しました。それぞれについて，理由づけが適切かどうかの議論が生じます。そのとき，一体どのような論理が働き，どのような基準によってそれぞれの段階での「正しさ」や「適否」が判定されるのでしょうか？　たとえば，すぐ上の「解釈」に際して（ⅰ）～（ⅴ）を指摘しましたが，(3)や(7)や(11)，更には(15)や(21)のそれぞれについて複数の解釈が可能ならば，そのうちどれが最適かを決める判定基準が当然必要とされます。後に，専ら法的な議論や論理展開を素材にしてこれらの問題を扱うことにします。

　いずれにせよルール適用を中心とした論法では，まず大前提として，普遍的で一般的な道徳的ルールが考えられます。それが余りに抽象的で個別具体的事件にすぐにあてはまらないときには，その中に含まれることばを解釈することによって，もう少し具体的で個別的な道徳的ルールが作られます。この作業では，解釈が何度か繰り返されることもあります。更に，認識された事実が集め

られ，それらの事実をルールにあてはめる（＝事実をルールに含まれることばの一例ととらえる）ことによって小前提が得られ，そこから最終的な結論に至るという形を取ります。解釈とあてはめという作業が介在していますから少し複雑に見えますが，全体の基本構造は普遍的一般的ルールから最終的に個別具体的結論に至る演繹的な三段論法なのです。今まで少々細かな問題にも触れてきましたが，【図7】では今一度単純化された図を示してみましょう。

　このように，ルール論法は，ルールの中に含まれることばにあてはまる限りで多様で複雑なものを一つのものと見なし，画一的な処理を可能にします。たとえば，あなたとあなたの隣にいる人とは別人です。しかし，二人とも同じ授業を受けている学生であるならば，受講生全体にあてはまるルールに従うべきです。ルール論法は，自分だけを特別視する利己主義も利他主義も否定します。

第2章 法的思考

　道徳的判断の場合と同様，法的判断の場合も，もめごとの正しい法的解決を求めて頭の中でいろいろと思いめぐらすことを法的思考と呼んでみます。更に，思考の結果として「この解決がよい！」と最終的に下す判断を法的判断と呼び，違う判断を下す人との間で交わされる議論を法的議論と呼ぼうと思います。

　これまでは，あなた自身が考えて下した道徳的判断がほかの誰かから批判されたならばどうするか？　という問いから話を進めました。その問いに答えようとする中で，あなた自身の道徳的判断をどのように形成するべきかという問題と，それを他者との議論の中でどのように正当化するかという問題とを併せて論じました。というのも，両者は密接に関係しているからです。事情は，法的思考や法的判断や法的議論でも同じです。これら三者はすべて緊密に関連しています。しかし，法的議論特に法廷での実践的議論のあり方について正面から論ずる用意は，残念ながら私にはありません。説得力という点に関連させて，最後に簡単に触れるにとどめます。

第 *1* 節　裁判をどのように理由づける？

1　どんな種類の裁判があるのか？

　道徳的判断を下すとき，あなたはもめごとの当事者双方から相談を受ける第三者でした。しかし，あなたはもめごとの解決を職業とする人ではありません。ところが現在の私たちの社会には，常設の紛争処理機関としての裁判所があります。裁判官こそは，法的思考や法的判断を典型的に駆使しているはずです（ただし，非公開の裁判，特に家庭裁判所での審判等は一応脇に置きます）。

歴史的経緯をふまえ理論的に整理すると，裁判にはいろいろな種類があります。M. ヴェーバー（1864-1920）を参考にしながら，四種類の裁判を分けてみましょう（ヴェーバー著世良晃志郎訳『法社会学』1974年，創文社，参照）。以下，①カリスマ的裁判　②カーディ裁判　③経験的裁判　④合理的裁判の順に説明します。

①カリスマ的裁判とは，裁判官が，凡人とは違う何か超自然的力すなわちカリスマをもっていることを理由に，結論を理由づけるような裁判です。したがって，ここでは結論の内容は全く問われません。重要なのは，誰が裁判をしたのかということだけです。裁判官がカリスマをもつと見なされる限りで，人々はその判決に従います。たとえば，卑弥呼が下したかもしれない判決を想像してみて下さい。

②カーディ裁判とは，結論が実質的に妥当であることだけをその理由づけにする裁判です。裁判官が超自然的力をもっているかどうかとか，結論に至る論理の組み立て方といったことは，全く考慮されません。テレビで放映される大岡裁きには，このタイプに近いものが多いと言えそうです。たとえば「三方一両損」のお裁きを思い浮かべて下さい。なお，カーディとはイスラム教のもとでコーランの意味を解釈する人を指すのだそうです。

③経験的（＝伝統的）裁判とは，今問題となっている事件と似た過去の事件に対して下された判決を引き合いに出すことによって，結論を理由づけるような裁判です。誰が判決をしたのか，またその内容が本当に適切であったのかは，さしあたり重要ではありません。重要なのはむしろ，今の事件が過去の事件とどの点で似ておりどこが違っているかです。

④合理的裁判とは，『六法全書』に収録されている「法律」に典型的に見られるような，あらかじめ存在するある程度普遍的で一般的な法的ルールを個別具体的事案に適用することによって，結論を導き出そうとする裁判です。

以上の説明からすでにだいたい察しがつくように，今日の私たちの裁判は基本的に④のタイプに分類されます。道徳的判断の際に触れたルール論法に似

て，法的判断は法的ルールを中心とした演繹的な三段論法に基づいて理由づけられます。第1章でルール論法に多くの頁を割いた理由は，ここにあります。では，現在のわが国での法的判断は，なぜルール論法に基づいて理由づけられるのでしょうか？　その答えは，「合理的」裁判という名前自体に隠されています。「合理的」の意味について，四つのことを指摘しましょう。

2　現代の裁判は合理的であろうとしている
（ⅰ）　情に流されるという意味での非合理的判断が，少なくとも表面上は否定される。
（ⅱ）　個別的な人に着目した解決が拒否される。たとえば，仮にある人が総理大臣であろうと，人を殺害したときには殺人罪に問われる。
（ⅲ）　その結果，ある要件を満たす人はすべて同じように取り扱われる。つまり，人々の間で平等な取り扱いが保障される。
（ⅳ）　以上のことによって，一般の人々が裁判に対してもつ予見可能性が高まり，将来の生活設計が容易になる。それを計算可能性の高まりと言ってもいい。

　もっとも，だからといって今日の裁判が①から③の要素を全くもっていないかと言えば，必ずしもそうではありません。①の裁判官のカリスマはもはやありえないとしても，裁判所全体がもつ権威には，一種のカリスマの残滓があるとも言えそうです。法服はその象徴かもしれません。また②は，先に触れた情に訴える論法や功利論的論法との関連で，個別具体的な判決に至る過程で折りに触れて顔を出します。最後に③の要素は，後に触れる判例という形で，制定法とは別の法的ルールを作り出しています。
　ところで，このような特徴をもつ法的ルールを適用してもめごとを処理しようとすると，法的思考に親しんだ人には一定の共通する特性が見られるようになります。一つは，人に執着することが減るということです。これは，何かを議論する際にきわめて重要です。説得力がしばしば語る人の態度とか人格とか

に左右されるのに対し，法的思考に親しんだ人はできるだけ議論の中身，特にことばの意味を論じようとします。重要なのは誰が何を言ったかではなく，その何です。もう一つは，物事の処理に当たって**手続きを重視する**ということです。およそルールにしたがって何らかの決定をしようとするならば，そこにはたいてい，手続きを定めるルールが同時に存在しています。したがって，物事は手続き的ルールを守りながら進められていくしかありません。いずれも，ルールを中心にしてもめごとを見ようとする態度から帰結します。

しかし少し距離を置いて見るならば，以上の二つ共に一般の人にとってはかなり変な態度かもしれません。情をかえりみず杓子定規に物事を処理するというのは，法律家に対してよく浴びせられる悪口です。「ああ言えばこう言う。」と口だけは達者だと非難されることもあります。手続きを重視するあまり決断が遅い，と文句を言われることもあるでしょう。

このような非難が全く的外れだとは思いませんが，ルールに基づいて物事を処理しようとする法的思考には大きな利点があることも忘れてはいけません。それは，もめごと処理に当たって何を考慮すればいいのかを限定しているということです。これからだんだんと述べていくように，法的思考はルールの中に含まれることばに目の前の対象があてはまるかどうかをめぐって展開されます。議論が戦わされる場所を，ことばの意味やことばへのあてはめという限定された土俵に狭めているのです。もしそうでなければ，もめごとを処理する際にそのつど実にさまざまな論点を考慮し侃々諤々の議論をしなければならないでしょう。もちろん，法的議論も複雑ではありますが，とにかく法的ルールに含まれることばに焦点を合わせることによって議論が拡散していくことを防いでくれるのです。

そして限られた土俵があるからこそ，その中での限りない工夫が積み重ねられます。と同時に，ことばをめぐる争いは，神秘的体験や年の功によって初めて明らかになるようなものではなく，誰もが参加しやすく誰からも批判されやすいのです。その開かれた性質が合理性という一つの意味です。

第2節　判決文の紹介

さてそれでは，実際に判決文を読んでみましょう。本件はB子がA男に損害賠償を請求した民事事件です。判決文を読む前に若干の注意をしておきます。

① 判決文での本名は，弁護人の名前を除いて匿名に変えてあります。A男，B子，C子といった具合です。
② 判決文は本来縦書きですが，以下では横書きに変更してあります。それに伴って，日付等は元来の漢数字からアラビア数字に変えてあります。
③ 誤植と思われる箇所が少しありますが，前後の文脈から正しい表記を推測して下さい。
④ 引用されている法律の条文が，内容や表記の点で現在のものと違っている場合があります。特に，民事訴訟法——判決文では「民訴」と省略されています——には注意して下さい。
⑤ どこから当事者の主張が始まり，どこから裁判所の認定や判断が書かれているのかに注意して読んで下さい。理解を容易にするため，適当に改行を挿入し，【　】の中に私が若干の説明を加えました。
⑥ 最高裁判所は，事実について改めて審理することをしません。これが原則です。というのも，もし最高裁判所が一つ一つの事件について事改めて事実を審議するならば，日本に一つしかない最高裁判所はあまりに多くの事件を抱え込んでしまうことになるだろうからです。以下の判決文でもそのことを念頭に置いて下さい。

~~~~~~~~~~~~~~~~~~~ 判決文の始まり ~~~~~~~~~~~~~~~~~~~

○　婚姻予約不履行に基づく損害賠償請求事件（昭和38(オ)第334号　同年12月20日第2小法廷判決　棄却）

【最初に，事件の性質を示すいわば表題がきます。次いで，事件番号と判決の日付け，そして簡潔な結論が示されます。(オ)は，「民事事件記録符号規定」によると上告事件を表します。第334号という番号は，年度初めの事件から起算します。】

[上告人]　　被控訴人　被告　A男　代理人　中川宗雄
[被上告人]　控訴人　　原告　B子

【訴訟を起こす人が原告，訴えられた人が被告と呼ばれます。控訴した人が控訴人，控訴された人が被控訴人と呼ばれます。上告についても同じです。この部分を見るだけで，第一審と第二審でどちらに有利な判決が出たかがおおよそ分かります。】

[第一審]　　福岡地方裁判所田川支部　　[第二審]　　福岡高等裁判所
【事件を審理した裁判所名が示されます。】

　　　　○　判示事項
婚姻予約不履行による慰藉料の請求が認められた事例
【判決内容の概要です。】

　　　　○　判決要旨
【判決文の中で重要と思われる箇所の要約です。判決文の骨子】
　当事者がいずれも高等学校卒業直後であり，男性においてなお大学に進学して学業を継続しなければならないときに肉体関係を結ぶに至った場合でも，将来夫婦となることを約して肉体関係を結んだものであり，その後も男性において休暇で帰省するごとに肉体関係を継続し，双方の両親も男性の大学卒業後は婚姻させてもよいとの考えで当事者間の右の関係を黙認していたなど判示の事情のもとで，男性が正当の理由がなくて右女性との婚姻を拒絶したときは，右女性は婚姻予約不履行による慰藉料を請求することができる。

　[参照]　民法第四編親族第二章第一節婚姻の成立
　　　　　民法第415条　債務者カ其債務ノ本旨ニ従ヒタル履行ヲ為ササルト

キハ債権者ハ其損害ノ賠償ヲ請求スルコトヲ得債務者ノ責ニ帰スヘキ事由ニ因リテ履行ヲ為スコト能ハサルニ至リタルトキ亦同シ

○ 主　文

【判決の結論部分です。通常，数行で終わります。】

本件上告を棄却する。

【A男からの上告がしりぞけられたということです。】

上告費用は上告人の負担とする。

【訴訟費用の負担についても必ず主文で述べられます。民事訴訟法第61条──旧民訴第89条──以下参照】

○ 理　由

【以下では，結論部分の理由づけが述べられます。後述のように，上告をするときには上告人がその理由を述べます。どのような点で原判決に納得できないかを詳細に説明するのです。本件では，A男の上告代理人中川宗男の主張に対し裁判所が答えるという形で裁判所の判断が示されます。】

上告代理人中川宗雄の上告理由第一点および第二点について。

原判決は，挙示の証拠により，「控訴人（被上告人）および被控訴人（上告人）は，いずれも田川郡川崎町に居住し，同じく田川高等学校に通学しているうちに相思相愛の仲となり，同校を卒業後昭和28年3月22日頃田川市西区所在松葉屋旅館において互に将来夫婦となることを約して肉体関係を結んだこと（両名共当時成年に達していた），その後間もなく被控訴人は明治大学商学部夜間部に進学し，控訴人は田川郡川崎町の自宅にあって，互に被控訴人が卒業し就職した暁に夫婦として一家を構える日の来るのを待望しながら日々を送り，その間に互に慕情を書綴った文通を交していたので，控訴人はその後他から申込のあった縁談も断り，一途に被控訴人に想を寄せ，被控訴人も亦休暇で川崎町に帰省するとその大半を控訴人方で過し，控訴人と情交を重ねていた。そして控訴人及び被控訴人の両親は，本人同志が互に将来婚姻の約束をしていることを知

っており，被控訴人が大学卒業後就職すれば婚姻させてもよいとの考えで当事者間の右の関係を黙認していたし，近隣の者も亦控訴人と被控訴人が将来夫婦となるであろうことを噂していたのである。ところが被控訴人が昭和32年1月頃から東京において訴外C子と懇意になり，遂に同女と情交を結び，同女と右の関係を続けながら一方では控訴人に対し屢々C子との関係を生ずるに至ったことを詫びると共に学資の一部送金方を懇請した手紙を出していたので，事の真相を知らない控訴人としては，被控訴人とC子との関係を清算して貰い度いばかりに昭和32年夏頃から被控訴人が右大学を卒業する昭和33年3月頃まで数回に亘り合計金6万円を被控訴人宛送金したのである。しかるに被控訴人は，昭和33年3月大学を卒業し就職するや同年4月C子と結婚同棲し，控訴人に対し文通を断ち，被控訴人の住所を秘していた。一方，控訴人は被控訴人を諦めきれず，漸く1年後被控訴人の住所が判明したので昭和34年4月上京し，被控訴人に会って被控訴人の愛情を取戻すべく申入れたが，被控訴人は遠曲にこれを断り，遂にその頃控訴人と夫婦となる意思のないことを明示した。」旨の事実を認定し，右認定事実により，「本件当事者は，当初肉体関係を結ぶに当って，真面目に婚姻予約を締結していたことを認めることができる。」旨判示したものであって，たとえ当時上告人は高等学校卒業直後であり，なお学業を継続しなければならない状態にあったとしても，原判決の右判示は肯認できなくはないから，原判決に所論の経験法則違反の違法があるということができない。そして，以上の事実関係の下においては，たとえ当事者間において結納の取交し，仮祝言の挙行等の事実がなくても，上告人において被上告人に対し，上告人の右婚姻予約不履行により被上告人の蒙った精神上の苦痛による損害を賠償すべき義務があるとする原判決は相当であるから，原判決に所論の法令解釈適用の誤りはない。論旨はすべて採用できない。

　よって，民訴401条，95条，89条に従い，裁判官全員の一致で，主文のとおり判決する。

　（裁判長裁判官　奥野健一　裁判官　山田作之助　裁判官　草鹿浅之介　裁判官　城戸芳彦　裁判官　石田和外）

【判決文の末尾には裁判官の名前が常に列挙されます。】

【上に述べられた裁判所の判断に先行する中川宗男の上告理由が、以下に掲載されています。】
上告代理人中川宗雄の上告理由
【上告理由は二点にわたっています。】
原判決には次に記すごとき判決に影響を及ぼす法令違背があります。

【以下では第一点について述べられます。】
第一点　原判決はその理由において「……凡そ正常な意思能力を有する男女が真実将来夫婦となることを約したときはそれによって婚姻の予約が成立し、当事者は互に将来婚姻を成立せしむべき義務を負担するに至る……」と判示して、本件当事者間に婚約の成立を認めております。要するに正常な意思能力を有する男女が確実に将来夫婦となることを約すれば婚約が成立するというのであります。たしかに将来の婚姻を目的とする申込と承諾があれば意思の合致があったという意味でそれを婚約と呼べば呼んでも差支えないでありましょう。しかし問題は不当な破棄に対して損害賠償の義務を認めるに足るところの婚約がその程度の意思の合致で十分かということであります。凡そ一般に婚約といわれるものの中には、双方の一時の情熱に浮かされた行為から慣習に則り結納等の儀式を伴った公然性ある婚約までその内容は千差万別です。そして右の一時的な情熱による約束の破棄に対して損害賠償義務を認めることができないことは明らかです。原判決にいう「……真実将来夫婦となることを約し……」の「真実」の意味については判然としませんが、大体右のような極端な場合を除外する趣旨と解せられます。しかし右のような極端な場合を除外するだけでは足らず、如何に確実な合意でも、それが内密になされ、当事者間の全く主観的関係に止る限りその破棄に対して損害賠償の義務を認めることはできず、要するにある程度の客観性、公示性ある合意に限定するのが相当と考えられます。なぜならば

（1）　婚姻を含めてすべて身分関係は当事者の自由意思によって形成されることを前提としております。若し如何に確実な合意でもその破棄に対して損害賠償義務を認めるならば、それは婚姻を強制する契機となり、婚姻の自由に反することとなります。したがって婚姻の自由と「約束は守らなければならない」との契約における正義との調和の観点からは、いわゆる結納、樽入れ等の儀式には限らなくてもある程度の公示性を伴う婚約に限って不当破棄に対する損害賠償義務を肯定されるべきであると思います。

（2）　また、身分関係は一般に国の基本的秩序を構成しますので、この点からも身分関係の公示は重要な意味を持っています。現行法上婚姻は届出によって成立するのは、この公示性の制度化であり、内縁が婚姻に準ずる実質的生活関係を伴ってはじめて法的保護をうけるに至るのもこの意味に外なりません。これと同じように婚約もまた単なる契約を超えて公然化され社会的承認をうけてはじめて法的保護をうけるに至るものと解すべきであろうと思います。

もちろん、客観性、公示性を要するとしても、複雑な実体を有する婚姻に対してその有無を截然たる一線をもって画することは不可能でありますが、それは個々の場合に裁判所の合理的な判断に任せられる外はありません。然るに原判決がある程度の公示性を必要とした第一審判決の真意を理解せず、将来夫婦となることを約したときは直ちに婚約の成立を認めたのは、婚約の契約たる性質にひきずられて、それが身分法上の行為である特質を忘れた解釈であり、これをもって本件の事実に適用した原判決は明らかに判決に影響を及ぼす法令の解釈適用の誤りであって破棄されるべきものと信じます。

【続いて、第二点目の上告理由が述べられます。これは更に、（一）（二）二つの小見出しがついています。】

第二点　　原判決はその理由において、本件当事者はいずれも当時成年者で当初肉体関係を結ぶに当って真面目に婚姻予約を締結していたことを認めることができる旨判示して、昭和28年3月22日、当事者が田川市西区所在松葉屋旅館において初めて肉体関係をもった日を以って婚約の成立日と認定しておりま

す。たしかに被上告人の本人尋問調書（第1回）にはこれに副うがごとき証言がありますが，その外には記録全部に徴してもそのような認定は不可能であり，却って婚約の成立を否定されるべき資料ばかりで，ましては「真面目に」婚約を締結していた等と認定することは全く不可能であります。

（一）　婚約成立日と認定された昭和28年3月22日当時は当事者双方とも満21才の成年ではありましたが，上告人は高等学校卒業直後であり（卒業日は昭和28年3月1日。本理由書添付卒業証明書参照）翌29年3月明治大学商学部合格（理由書添付の合格通知参照）まで1年間のいわゆる浪人生活へのスタートの時期で将来の目途も保障もない全く不安定な時期でありました。かかる状態の上告人が当時処女であって被上告人と交渉をもつに際して勢の赴くところ将来の婚姻を約したとしても，それこそ「一時の情熱に浮された行為」であり「恋愛関係にある男女の睦言」の類を出でず，これをもって「真面目に」婚約をなしたと解することは余りにも常識を越えた安易な態度と言わなければなりません。睦言としての婚約の破棄に対して損害賠償義務を否定した判例は下級審ではありますが枚挙に遑ありません。（東京高判昭28・8・19東高裁判決時報4巻120頁）。

（二）　では次にその後の事情で判示期日に婚約が成立したことを確認せしめるものがあるかを考察しますと

1　被上告人がM男からの縁談を断った事実については，当事者が婚約中であったので断った旨の証言があります（被上告人本人尋問調書第1回，証人N女調書）がM男の親代わりをつとめ最も信頼すべきS男の証言によればその事実は否定されるのが相当と思います。

2　また，被上告人が上告人に対して学資を送金した事実も婚約者としての給付というよりも上告人とC子との接近を遮断しようとする意図の下になされたものであることは被上告人本人の認めるところであります。（同人第2回本人調書）。

3　更に上告人が帰省の度に被上告人方に行っていた事実も被上告人の家庭が開放的で常に成年男女の集合の場となっていたこと（S男証人調書）から必ずしも婚約者として行っていたものとも解することはできません。

第2章 法的思考

4　その他に上告人から，被上告人に対して手紙は男文字，名義で出すよう要請していること（甲第1号証の2）お互のことは親しい友達ということにしてくれと要請していること（甲第3号証の2）などから上告人は両者の関係をつとめて秘匿しようとしていますし，一般にも単なる仲良し程度に解されております（S男証人証書）。また結納等も大学を卒業後正式にすると上告人が言っていたことも被上告人自身が認めております（同人第14調書）。

　以上要するに，全記録に徴しその掲げる証拠を公正に検討するならば判示の如く当事者間に真面目に婚約が成立していたとの結論に達することはあり得ないと信じます。この点においても原判決は事実認定の過程に明瞭な経験則違反があり破棄を免れないものとおもいます。

　　　○　参　照

【最高裁判所の判例集には，第一審や第二審裁判所の判決文が同時に掲載されるのが普通です。】

　　　第一審判決の主文及び事実

【順番からすると，最高裁判所の次には高等裁判所そして最後に地方裁判所になるようにも思われます。しかし，まずは第一審裁判所の判決文の内，結論部分である主文と事実のみが掲載されています。】

　　　主　文

原告の請求を棄却する。
　【原告であるB子の請求は認められませんでした。】
訴訟費用は原告の負担とする。
　【訴訟費用はたいてい敗訴した方が負担します。この場合はB子です。】

　　　事　実

【原告・被告双方の主張内容が裁判所によって要約されています。まずは，原告の主張内容が要約・紹介されます。訴えの理由として一〜五までの5点をあげていま

す。】

　原告訴訟代理人は「被告は原告に対して金500,000円及びこれに対する昭和34年8月25日から完済にいたるまで年5分の割合による金員を支払え。訴訟費用は被告の負担とする」との判決ならびに担保を条件とする仮執行の宣言を求め，その請求原因として，

　一，原告は被告と同町内に居住しともに田川高等学校に通学していたものであるが，次第に相思の仲となり，昭和28年3月22日田川西区所在の松葉屋旅館で夫婦約束をして互に固く将来を誓い合い，同旅館に宿泊して被告の求めに応じ被告と初めて肉体関係を結び爾来折にふれ右関係を続けていたものである。

　二，そして被告は田川高等学校卒業後明治大学夜間部に進学したが，原告に対する愛情は益々深きを加え頻繁に文通を取り交わし休暇を利用して郷里に帰省する都度原告方を訪れ，原告もまた折には上京して被告の下宿先に赴き或いは共に旅行する等婚約者としての交際を続けていた。そして原告は被告から遊学中の学資を補助し送金して貰いたい旨の申出を受けるや，将来結婚することを契りあった被告からの依頼であるので原告も心よくこれを承諾し，昭和32年夏頃から昭和33年3月被告において明治大学を卒業するにいたるまでの間約8回にわたって被告に合計金60,000円の学資金を補助し，被告が卒業のうえ原告と婚姻すべき日をひたすら待ちわびていた。

　三，ところが被告は昭和33年3月明治大学を卒業した頃から原告に対してその所在を隠し何等の音信をもよこさない。そこで原告は種々の方法を尽して被告の所在を調査したところようやくその居所が判明したので昭和34年初頃被告の実弟にあたる訴外T男とともに上京してその下宿先を訪れ被告と面談した。その際被告は原告に対して「訴外C子と親しくなり昭和33年3月大学を卒業して間もなく同女と同棲を始め事実上の夫婦生活を送っているので，原告とは将来婚姻しない。」と述べ，原告との婚姻予約を破棄する旨通告した。

　四，かくて原告は被告の右理由なき婚姻予約不履行により精神上甚大な苦痛を被った次第であるが，原告は訴外古河工業株式会社大峰炭鉱に勤務している父のもとで育ち田川高等学校を卒業した未婚者であって従前他から申入のあっ

た縁談も断り，被告の在学中は学資を貢いでひたすら被告と婚姻の日を待望していたにもかかわらず，被告の不履行により今やすべて空しく婚期を失し，一生償うことのできない不幸の境遇に陥ったものであり，被告は田川高等学校を経て明治大学二部商学部を卒業し相当な家庭で育った初婚者であるから，以上諸般の事情を参酌し，原告の右精神的苦痛は金500,000円の賠償を得て漸く慰藉されるものである。

　五，よって原告は被告に対して右慰謝料金500,000円及びこれに対する本件訴状送達の日の翌日である昭和34年8月25日から完済にいたるまで民法所定の年5分の割合による遅延損害金の支払を求めるため本訴に及ぶ。と述べ，

　被告の主張事実は否認する。原告は相当の長期間にわたって被告と文通し学費を貢ぎ，且つ貞操までもささげていたものであるから，誠心誠意将来夫婦としての共同生活を営むことを約し合ったものというべく，しかも右の関係は原被告双方の両親の承諾があるのはもちろん親族知人もこれを知悉していたもので公然性を有し，法律上有効な婚姻予約が成立したものということができると述べた。（立証省略）

【原告の主張に対して，以下では被告の主張が展開されます。】

　被告訴訟代理人は「原告の請求を棄却する。訴訟費用は原告の負担とする。」との判決を求め，答弁として原告主張事実のうち原被告間においてその主張のように文通の取り交わされていたことは認めるが，その余の主張事実はすべて否認する。原告は被告の「原告は妻としてまた母として申し分のない人です。早く卒業して原告の許に行きたい。原告を愛している。」等のことばをとらえて婚姻の予約が成立したものであると主張するけれども，右ことばは恋愛関係にある男女の，もしくはいわゆる閨房の睦言の類を出でず，相互間では真剣に将来婚姻をなすべきことを誓い合ったものと認めることができないし，且つ原被告はひたすらその関係を他に知られないように秘匿することに努め，結納を取り交わし儀式を挙げる等の公然性をも欠いているから，原告主張のように婚姻予約が成立したものとなしえないと述べた。（立証省略）

【第一審については以上で終わり，原告・被告双方の主張内容が紹介されているだけです。それに対して第一審裁判所がどのように理屈をつけて主文に示されたような結論に至ったのかは，この判決集には載せられておりません。】

【以下では，第二審つまり福岡高等裁判所の判決文が掲載されます。第一審の判決文とは違って，今度は「理由」も知ることができます。】

　　第二審判決の主文，事実及び理由
　　　　主　文
原判決を取消す。

【第一審裁判所の判決が覆されました。B子の主張が認められたのです。ただし，全部認められたのかそれとも一部なのかは本文をよく読んで下さい。】

被控訴人は控訴人に対し金10万円及びこれに対する昭和34年8月25日以降完済まで年5分の割合による金員を支払え。

被控訴人のその余の請求を棄却する。

訴訟費用は第一，二審を通じ4分の1を被控訴人，4分の3を控訴人の各負担とする。

【訴訟費用の4分の1はA男の負担，残り4分の3はB子の負担です。】

　　　　事　実
【控訴人つまりB子の求めた判決内容がまず紹介され，続いて被控訴人つまりA男の求めた判決が簡単に述べられています。もちろん，実際の主張はそれぞれの代理人の仕事です。】

控訴代理人は原判決を取消す，被控訴人は控訴人に対し金50万円及びこれに対する昭和34年8月25日以降完済まで年5分の割合による金員を支払え，訴訟費用は第一，二審とも被控訴人の負担とするとの判決を求め，被控訴人は本件控訴を棄却する，控訴費用は控訴人の負担とするとの判決を求めた。

【続いて，控訴人つまりB子の主張と証拠が紹介され，その後に被控訴人つまりA

男の主張が数行にわたって簡単に述べられています。代理人が表面に出てきているのは，上と同じです。】

　当事者双方の事実上の主張及び証拠関係は，控訴代理人において婚姻予約も憲法24条第１項の趣旨により当事者の合意により成立するものである。仮に婚姻予約の成立に公然性が必要であるとしても，本件婚姻予約には公然性を具備しているものである。立証として当審証人 MT 女の証言及び当審における控訴人尋問の結果をそれぞれ援用すると述べ，被控訴代理人において立証として当審証人 TM 男の証言を援用すると述べたほか原判決事実摘示同一であるので，これをここに引用する。

【以下では，第二審の控訴裁判所である福岡高等裁判所がどんな新しい証言を認めたか，その結果どのような判断に至ったかが一～四にわたって説明されます。証拠についての説明は少々込み入っています。】

　　　　理　　由
　一，原審における被控訴人尋問（第１回）の結果により成立を認め得る甲第１号証の１，２，同第３号証の１，２，成立に争いのない甲第２号証の１乃至18，同９，10号証の各１，２，同11号証の１乃至39に，原審証人 ME 女，同 MT 男，同 N 女，同 C 子，当審証人 MT 女の各証言及び原審並びに当審における控訴本人尋問（原審第１，２回）の結果を総合すれば控訴人及び被控訴人は，いずれも田川郡川崎町に居住し，同じく田川高等学校に通学しているうち相思相愛の仲となり，同校を卒業後昭和28年３月22日頃田川市西区所在松葉屋旅館において互に将来夫婦となることを約して肉体関係を結んだこと，その後間もなく被控訴人は明治大学商学部夜間部に進学し，控訴人は田川郡川崎町の自宅にあって，互に被控訴人が卒業し就職した暁に夫婦として一家を構える日の来るのを待望しながら日々を送り，その間に互に慕情を書綴った文通を交していたので，控訴人はその後他から申込のあった縁談も断り，一途に被控訴人に想を寄せ，被控訴人も亦休暇で川崎町に帰省するとその大半を控訴人方で過し，控訴人と情交を重ねていた。そして控訴人及び被控訴人の両親は本人同志

が互に将来婚姻の約束をしていることを知っており被控訴人が大学卒業後就職すれば婚姻させてもよいとの考で、当事者間の右の関係を黙認していたし、近隣の者も亦控訴人と被控訴人が将来夫婦となるであろうことを噂していたのである。ところが被控訴人は昭和32年１月頃から東京において訴外Ｃ子と懇意になり、遂に同女と情交を結び同女と右の関係を続けながら、一方では控訴人に対し屢々Ｃ子との関係を生ずるに至ったことを詫びると共に学資の一部送金方を懇請して手紙を出していたので、事の真相を知らない控訴人としては、被控訴人とＣ子との関係を清算して貰い度いばかりに昭和32年夏頃から被控訴人が右大学を卒業する昭和33年３月頃まで数回に亘り合計金６万円を被控訴人宛送金したのである。しかるに被控訴人は昭和33年３月大学を卒業し、就職するや同年４月Ｃ子と結婚同棲し、控訴人に対し文通を断ち、被控訴人の住所を秘していた。一方、控訴人は被控訴人を諦めきれず、漸く１年後被控訴人の住所が判明したので昭和34年４月上京し、被控訴人に会って、被控訴人の愛情を取戻すべく申入れたが、被控訴人は遠曲にこれを断り、遂にその頃控訴人と夫婦となる意思のないことを明示したことがそれぞれ認められる。右認定に抵触する原審証人Ｓ男、同ＴＴ男、原審並びに当審証人ＴＭ男の各証言及び原審における被控訴人本人尋問の結果は措信し難く、他に右認定を覆す証拠はない。被控訴人は控訴人と結納を取交したわけでなく、その他何等の儀式も挙げていないので、公然性を欠き婚姻予約は成立していないと主張するけれども、凡そ正常な意思能力を有する男女が真実将来夫婦になることを約したときは、それによって婚姻の予約が成立し、当事者は互に将来婚姻を成立せしむべき義務を負担するに至るのであって、被控訴人が主張する如く結納を取交わさず、何等かの儀式も挙げなかったからといって婚姻予約が成立しないと解すべきでなく、結納の取交し仮祝言の挙行等の公然性も当事者の婚姻予約成立の意思推断の一資料に過ぎないと解するところ、本件においては、結納の取交し、仮祝言の挙行等を認め得る何等の証拠はなく、寧ろ原審証人ＭＥ女、同ＭＴ男の各証言によれば、これらの事実はなかったことが認められるが、先に認定した事実によれば、本件当事者はいずれも当時成年者で、当初肉体関係を結ぶ

に当って，真面目に婚姻予約を締結していたことを認めることができるので，被控訴人の前記主張は到底採用できない。

そして更に前記認定事実から判断すると，婚姻予約不履行の責は被控訴人にあると見ることができ，また控訴人は被控訴人の右婚姻予約不履行によって，精神上相当の苦痛を蒙ったであろうことが窺えるので，被控訴人は控訴人に対し控訴人の蒙った右精神上の苦痛に対する損害を賠償すべき義務があると言わざるを得ない。

二，よってその額について判断すると，原審証人MT男の証言に，原審並びに当審における控訴人本人尋問（原審第1回）の結果を綜合すると，控訴人は父が大峰炭鉱に務めている一家の長女に生れ5歳のとき叔父訴外MT男の下で育ち，前記高等学校卒業後一時久野鉱業所に勤め，昭和30年頃から洋裁師として身を立てているが控訴人はもとより控訴人の父にも別段財産はないことが認められ，一方原審証人T男，原審並びに当審証人TM男の各証言（いずれも前記措信しない部分を除く）（ママ）を綜合すれば，被控訴人も父が大峰炭鉱に勤めていた一家の三男に生れ，前記大学卒業後東京都日本橋，野口雑貨店に勤めその後同店を辞め，目下肩書住居地にあるプレス工業会社下請工場勤務の俸給生活者で，俸給以外に財産はなく，父も亦目下行商或は土工等をして別段財産もないことが認められるので，これらの各事実に先に認定した婚姻予約成立の状況及びその後破棄されるに至る経過を彼此綜合すれば，被控訴人が賠償すべき額を金10万円と定めるを相当とする。

三，そうだとすれば被控訴人は控訴人に対し右金10万円及びこれに対する本件訴状送達の翌日たること記録上明らかな昭和34年8月25日以降完済まで民事法定利率年五分の割合による遅延損害金を支払うべき義務があり，控訴人の本訴請求は叙上認定の限度においてこれを相当として認容し，爾余を失当として排斥する。

四，よって本件控訴は一部理由があり原判決を取消し，訴訟費用の負担につき民事訴訟法第96条，第92条，第89条を適用し主文のとおり判決する。（昭和37年11月20日　福岡高等裁判所第3民事部）

～～～～～～～～～～ 判決文の終わり ～～～～～～～～～～

■ **課題7:** 判決文を読んで第一審と第二審とでどこがどう違うのか，双方の論理を文面からまとめて下さい。第一審裁判所の判決理由は明示されていませんが，第二審判決や上告審の判決から判断して下さい。

判決文からは，訴訟当事者が一体どのような経歴をもっており，どんな人間関係を作り上げ，なぜ双方の間でもめごとが生じたのかが，浮かび上がってきます。文章の形になっていますから，当事者の表情が映像のように分かるわけではありません。しかしながら，当事者の心情に身を寄せて判決文を読み当事者の内面の動きを想像するならば，人間についての洞察が一層深まるでしょう。裁判が文学や映画の格好の素材になるのも，当然です。とはいえ，以下では，少々無味乾燥な法的論理の方に焦点を合わせます。

判決文の論理の中で中心的な役割を果たしているのは，**婚姻予約**ということばです。あなたはこのことばをこれまでに聞いたことがありますか？『広辞苑』によれば，婚約は「結婚の約束をすること」と説明されていますが，実は婚姻予約という法的なことばの略だったのでしょうか？　裁判所は，なぜこのような耳慣れないことばを使って判決文を書く必要があるのでしょうか？　その事情を以下で考えてみましょう。

第3節　判決文に見られる法的論理について一般的に説明する

1 何によって結論を理由づけるか？

何よりもまず指摘されるべきことは，判決文には結論に至る理由を明記しなければならないということです。でもなぜ理由を明記しなければならないのでしょうか？　それは，判決が絶えず誰かを説得するという使命を負っているからです。では，その誰かとは誰でしょうか？　まずは訴訟当事者です。負けた当事者が判決の結論に対して不満をもつのは当然ですが，それでも上訴しても

勝てないと思わせるのは，判決文の論理の力です。二番目の人として，上訴審で同じ事件を扱ったり判決を批判したりする法律専門家をあげましょう。そして第三番目の人として，裁判の公開制がもたらす，任意の第三者が考えられます。裁判官は，これら数多くの読者に対してなぜこのような結論に至るのかを説明し説得しなければなりません。つまり，これらの読者の批判にさらされることを覚悟の上で判決文を書かなければなりません。判決文に理由をつけることは，法律上も求められています。本件は民事事件なので，民事訴訟法第253条第1項第3号（旧民訴第191条第1項第3号）を参考にして下さい。

では，何が結論の理由づけになりうるのでしょうか？　一般的には憲法第76条第3項を見て下さい。「すべて裁判官は，その良心に従ひ独立してその職権を行ひ，この憲法及び法律にのみ拘束される。」逆に言うと，裁判官が憲法や法律を無視して職権を行使することは許されません。

2　法的ルールとは何か？

それでは，憲法や法律とはどのようなものでしょうか？　市販の『六法』には，日本国憲法をはじめとしてさまざまな法律が収録されています。法律の条文形式や内容も多種多様です。そこでここでは憲法及び法律を広く法と理解した上で，典型的な法の形式的な特徴を一つだけ指摘します。すなわち典型的な法は，**構成要件と法的効果とが条件的に，また当為として結合されている**，ある程度普遍的で一般的なルールとしてとらえることができます。以下では，法ではなく法的ルールということばを使います。文章で表現し直すならば，次のような形を取ります。

「もし～かくかくしかじかの～事実があったならば，そのとき……かくかくしかじかの……法的効果が生ずるべきである。」

たとえば，民法第709条をこのような形に直すと，次のようになります。
「もしある人が故意又は過失によって他人の権利又は法律上保護される利益を侵害したならば，そのときその人はその侵害行為によって生じた損害を賠償する責任を負うべきである。」

「故意又は過失によって他人の権利又は法律上保護される利益を侵害した」という部分が構成要件（または，要件事実）と呼ばれ，「その侵害行為によって生じた損害を賠償する責任を負う」という部分が法的効果と呼ばれます。構成要件を更に細かくみれば，「故意又は過失」は主観的・心理的要件を，「によって」は行為と結果との因果関係の要件を，「他人の権利又は法律上保護される利益」は対象に関する要件を，「侵害した」は行為態様に関わる要件を示している，と言えるでしょう。そして，「……ならば」という部分が構成要件と法的効果との条件的結合を示し，「……べきである」という最後の部分が文章全体の当為性を表しています。

　このような法的ルールにはいろいろな種類があります。さしあたり考えてもらいたいのは，次の①②の二種類です。

　①　「人を殺すな！」とか「他人のものを盗むな！」といった，私たちのあるべき行為について指図しているルールが破られたときに，どのような法的効果が加えられるかを示すルールがあります。たとえば，刑法第199条の殺人罪。この場合には，「人を殺すな！」というルールは明文化されていませんが，刑法199条が意味をもつためには論理的に当然前提されているはずである，と考えられます。そして，「死刑又は無期若しくは5年以上の懲役」が殺人犯人に加えられる法的効果すなわち刑罰です。

　②　「～」の部分に示された構成要件が満たされたときに，「……」の部分に示された法的権利義務や法的権限が生ずるべきであることを表現するルールもあります。たとえば，民法第709条の不法行為。この場合には，加害者の損害賠償責任やそれに対応する被害者の損害賠償請求権が法的効果になります。

　先に道徳的ルールについて触れた際，どちらかと言えば①のようなルールが考えられていました。しかし，法的ルールにはそれ以外の種類があり，中でも②はきわめて重要です。人々の法的権利とか組織の権限や地位等は，法的ルールがあるからこそ明確に付与されるのです。

　ところで，法的ルールはゲームのルールと似ているところがあります。たとえばサッカーを考えて下さい。サッカーの場合にも，まずは①プレーヤーが一

第2章 法的思考　69

体どのような行為をしてはならないのか，どのような行為をした場合にイエローカードやレッドカードが切られるのかについて述べているルールが存在します。国際サッカー連盟＝FIFA（Fédération Internationale de Footbool Association）編集のサッカールール第12条（以下では簡単に，FIFA 第○条と記します。）を見てください。しかしそれだけではなく，②審判がどのような権限をもつのかとか，どのような場合に得点が入り勝敗が決するのかについてのルールも存在します（たとえば FIFA 第5条，同第10条）。得失点や勝敗に関するルールが存在しないならば，そもそもサッカーというゲーム自体が成立しないのです。

　さて，上記①②以外の性質をもつ法的ルールもいくつかあげておきましょう。（　）には，実際の法律の例を，そして［　］には，FIFA 編集のルールを示します。

　　（ⅰ）　**目的**を示すルール（たとえば道路交通法第1条）［サッカーのルールを定める目的について述べるルールがあってもよさそうですが，FIFA 編集ルール集にはありません。］
　　（ⅱ）　一種の**定義**を示すルール（たとえば環境基本法第2条）［たとえば，フリーキックとは何かについて定義づけているルール。FIFA 第13条］
　　（ⅲ）　私たちのなすべき**行為を指図**しているルール（たとえば民法第752条）［「選手は自己および他の選手にとって危険となる，装飾品（宝石も含む）やユニフォームを着用してはならない。」FIFA 第4条］
　　（ⅳ）　原則に対する**例外**を設定するルール（たとえば刑法第36条の正当防衛）［一チームの選手は通常11人だが，例外的に7人まではチームとして認められるというルール。FIFA 第3条──但し，このような原則・例外という理解の仕方は条文の読み方にもよります。──］
　　（ⅴ）　法的権利義務の担い手となり得る**組織のあり方**についてのルール（たとえば内閣法）［一チームの選手が何人であり，どのような形で選手交替が認められるかについてのルール。FIFA 第3条］
　　（ⅵ）　法的権利義務を実現する**手続き的**ルール（たとえば民事訴訟法）［審判に不服がある場合の手続き的ルールがあってもよさそうですが，FIFA 編集ルール集にはありません。］

3 法的ルールはどんな特徴をもっている？

法的ルールの特徴として、以下の五つをあげておきましょう。

3-a 法的ルールは当為である

第一に指摘したいのは、法則と法的ルールとの違いです。あなたは化学の時間に「酸素と水素を化合すると水ができる」（$2H_2 + O_2 \rightarrow 2H_2O$）という化学反応式を習ったはずです。これは、原因と結果を条件的に結びつけている経験的因果関係の法則です。法的ルールは、これとは違います。ルールは、「〜である」ではなく、「〜であるべきだ」と表現されます。では、その違いは更にどんな意味をもつのでしょうか？

もし、酸素と水素が化合しても水ができない事実が一つでもあれば、水の生成についての化学方程式は誤っていたということになるでしょう。化学者は、別の方程式を求めて新たに実験を重ねていくことでしょう。ところが、法的ルールの場合には事情が違います。殺人事件が新聞を毎日にぎわしているとしても、「人を殺すな！」という法的ルールは決して「誤っている」として変更を迫られはしません。「あれだけ殺人事件が起きているのだから、ひょっとして一定の事情があれば人を殺してもかまわないのではないか？」と思う人はまれでしょう。悔い改めるべきは、殺人を禁止する法的ルールではなく、むしろルールに違反した殺人犯の方です。ルールを作る実際的意義はルールに従わない人がいるからこそである、とも言えるのです。

3-b 法的ルールの典型を裁決のルールとして理解する

第二に、行為のルールと裁決のルールとの区別を指摘しましょう。道徳的ルールは主に、私たちがどのような行為をするべきかを教えます。たとえば、A男とB子の事件を説明する際に述べた「誰に対しても誠実に行為せよ！」といったルールがそれです。法的ルールもルールの一つである以上、「行為のルール」としての一面をもっています。明文化されていないとはいえ、**3-a**で述べた「人を殺すな！」というルールもその一例です。しかし、法的ルールに

はもう一つ別の種類があります。それが，もめごとを処理する基準としての裁決のルールです。裁決のルールはまず，具体的もめごとが法的にみてどのように整理されるかを述べます。たとえば，A男とB子の間で生じた錯綜した事実関係のひとこまが「婚姻予約」と表現されます。別の一断面が「婚姻予約を破棄した」と見なされます。と同時に，それらに対してどんな法的効果がもたらされるべきかを，裁決のルールはあらかじめおおまかに示します。たとえば，「正当な理由なく婚姻予約を破棄した人は，相手方に対しそのことから生じた損害を賠償する義務を負う。」といった具合です。そうすることによって裁決のルールは，結論を理由づける根拠となるのです。

　では，なぜ行為のルールと裁決のルールとの区別があるのでしょうか？　なぜ，裁決のルールは必要なのでしょうか？

　こういうことを考えて下さい。「誰に対しても誠実に行為せよ！」という行為のルールに違反する，不誠実な行為があったとします。そのとき，違反行為に対してどのような制裁が課されるべきでしょうか？　この問いへの答えを求めて，行為のルールをくまなく探して見ましょう。しかしどこを探しても，一体どのような制裁を加えればいいのか全く分かりません。なるほど，行為のルールに違反した人は非難されるでしょう。けれども，非難に対して何をどのように償うべきでしょうか？　お金を払うべきでしょうか？　でもどれくらい？　土下座をすべきでしょうか？「すみません」と書いたプラカードをもって繁華街を歩くべきでしょうか？　皆目分からないのです。制裁等の法的効果を含んだ裁決のルールがあらかじめ存在しないならば，行為のルールに対する違反があるたびにその事後処理と理由づけを考えなければなりません。これは，多忙な裁判官にとってあまりに重い負担です。裁決のルールは，もめごと処理の大まかな方向を示してくれるばかりかその理由づけを提供してくれているという点で，裁判官の仕事をかなり軽減してくれているのです。

　他方，裁判になど関わらない一般の人々にとっても，裁決のルールを参照することは多くの利点をもたらします。というのも，裁決のルールに述べられているような行為をしたならば将来どのような効果がわが身に降りかかるのか

を，あらかじめ知ることができるからです。そのことによって自分の行為をコントロールしたり，当面のもめごとを裁判所に行くまでもなく処理するための指針を得ることができます。予見可能性は，法的ルールが裁決のルールであってこそ高まるのです。

3-c 法的ルールはある程度普遍的で一般的である

第三に，法的ルールの主語になるのは，必ずしも「すべて」の人ではなくある程度限定された人です。「かくかくしかじかの要件を満たす人はすべて……すべきである。」という形をとるのが普通です。道徳的ルールほど普遍性がないのです。同じように，述語の「……すべきである」という部分の「……」も，道徳的ルールほど一般性が高くありません。道徳的ルールよりも少し個別的で具体的なのです。

ただ，このような説明ははなはだ抽象的です。というのも，それでは一体どの程度限定された主語を念頭に置き，どの程度具体的な述語を考えればいいのかという疑問が必ず出されるからです。この疑問にどう答えればいいのでしょうか？

さしあたりは，次のように答えておきましょう。法的ルールは，法の外にあるさまざまの事象を法の中に取り込み法的な意味づけを与えようとします。ここでの法的意味とは，合法と違法といった法的に重要な区別を導入し，そのようにして法的に重要な効果を生じさせるということです。先の社会的意味や道徳的意味と同じように法的意味は，最終的には人々に対し一定の行為を実際にうながす効果をもちます。裁判所に訴えることによって国家権力を背景とした強制的解決を求めることができるというのは，その一例です。

その際，法の外にある領域――たとえば経済とか宗教，また言語や文学さらには自然科学――は，きわめて複雑な事実や考えの集まりからなっています。ですから，それらを法的に意味づけるときには，複雑さを一定程度減少させなければなりません。そうしないと，人々はそれらの領域に拡がるあまりに複雑な事象を前にして呆然とたたずむしかないからです。かといって，複雑な事情

を極度に減少させてきわめて細分化された法をつくり，疑問の余地のないただ一つの答えしか用意しないことも，好ましくありません。なぜならば，そのような法的ルールは将来的に融通が利かなくなってしまうばかりか，その数が膨大になってしまうからです。真理は中間にあり，「ほどよい」程度に複雑さが減少させられるべきです。では，どの程度が「ほどよい」のでしょうか？　それは，人が具体的問題に直面したときに納得のいく選択が比較的簡単にできるような程度です。キーワードは**適度な選択可能性**です。その具体的中味は，一方で法が置かれている社会的・歴史的・学問的等の状況によって，他方で法を用いて人々がどのような行為をしようとするのかによって変わってきます。

　以上述べたことも少なからず抽象的ですから，別の例を使って**適度な選択可能性**を比喩的に説明しましょう。今，保険会社の人が自社商品を顧客に売り込もうとしていると仮定して下さい。保険業界では，次々と新しい商品が開拓されています。ところが，あまりに商品が多様で複雑になると，どの保険契約を結べばいいのか素人にはわけが分からなくなってしまいます。そこで，保険外交員の登場です。彼らの仕事は，数多く用意されている商品の中から顧客のニーズに最もふさわしいと思われるものをアドバイスすることです。その際，一つだけアドバイスするのでは，仮にそれが顧客の利益に最もかなっていようとも顧客には選択の余地がなくなってしまいます。かといって知っているだけの情報をすべて顧客に与えてしまうならば，顧客は情報の海の中でおぼれてしまうでしょう。そこで，きわめて複雑な商品群から顧客の個別事情に合わせた商品に絞り込む一方で（＝商品の複雑さの減少），顧客に選択の余地を残すような程度にまで（＝適度な複雑さ）複数の商品を提示するのがいいでしょう。それはおそらく2〜3くらいです。

　そうすると，顧客は次のような利点をもつことができます。一つは，保険会社が用意している恐ろしく複雑な商品群全部に目を通す必要がなくなるということです。個人に与えられた時間や能力には限りがありますから，この意味での必要性の減少は大きな実際的効果をもちます。二つは，ある程度自らの意志を行使することによって，最適と思われる選択を比較的短い時間内で容易にす

ることができるということです。選択は自らの自由の発露なのですから、その人に大きな満足感と責任感とをもたらします。

　ここで、保険会社がもっている商品群が先に「法の外にある事象（あるいは領域）」と呼ばれたものであり、保険外交員が法的ルールにあたります。そして、顧客とは裁判官をはじめとする法的紛争処理にたずさわる人たちのことです。

3-d　おおよそ納得のいく判断と少数派

　第四に、法的ルールは一定の価値判断を表していますから、それとは違う考えがありえます。憲法第9条をめぐる議論などはその典型例です。法的ルールに示された判断は、**現在の状況下でだいたいの人にとってもっともらしく納得のいくような判断**にすぎません。宗教とは違って、永遠の真理を述べていると称することはできません。そこから次の三つのことを指摘しておきます。

　一つは、裁判だけではなく既存の法もまた、常に批判にさらされているということです。多方面から批判を受けさらに再反論をし、そのような過程を繰り返すことによって、法は鍛えられ深められていきます。その一方で、廃止されて消滅することもあります。

　二つは、既存の法は大多数の人々によって支持されているからこそ、少数意見や反対意見に配慮しなければならないということです。少数意見を無視したり抑圧するならば、それは多数の横暴にすぎません。

　三つは、以上の指摘にもかかわらず多くの人によって支持されているということは、実際上大きな意味をもっているということです。少数派は、自分だけが真理を認識しているなどとうそぶいて自己満足に浸っていてはいけません。自分の主張にはだれもが納得できる理由があるということを述べ、多数派を説得しなければなりません。これは、少数派にとっては過酷な負担です。しかし、このような厳しい条件に置かれるからこそ、少数派の意見には傾聴に値するものが多く含まれているのです。

3-e 法的ルールを作る権限は誰がもつ？

　第五に，法的ルールと道徳的ルールとの違いを，もう一つ指摘しておきましょう。道徳的ルールは，明文化されていませんしいつ誰が作ったのか必ずしも分かりません。それは小さいときから親や近所の人によって教えられ，そのうち私たちの良心に宿るようになります。何が道徳的ルールであるのかについては，誰もが自分の良心にかけて発言する権利をもっています。したがって，道徳的ルールに関して人々の意見が異なってしまったとき，最終的判断を下す第三者機関はありません。

　これに対し，法的ルールについては，それを作ったり適用したりすることのできる機関が別の種類の法的ルールによってすでに定められています。立法府や裁判所がそれです。国会法や裁判所法を見て下さい。私たちは，官報を見たり判決文を読むことによって，何が法的ルールでありどのようにしてそれが適用されているのかを知ることができます。他方，いくら私が「A男とB子の事件についての判決は間違っている！」と叫んでも，それは一大学教員の私的な発言にすぎません。もちろん巨視的に見れば，できるだけ多くの人が「何が法的ルールであるべきか」について意見を述べ合うことを通して，法的ルールは是正され発展していきます。しかし，法的ルールを作ったり適用したりする権限を私に与える別の法的ルールが無い限り，私の意見は単なる個人的見解の域を出ることができません。

第4節　婚姻予約についての判決の論理

1　婚約についての条文はあるのか？

　そこでもし，一般に婚約と呼ばれている人間関係について，その成立要件・効果・破棄の要件・救済方法等の法的ルールが明文化されているならば，問題はあまりありません。たとえば，次のような条文があったと仮定してみましょう。「婚約者が正当な理由なく婚約を破棄したならば，婚約者は相手方及びその両親に対して，それによって生じた損害を賠償しなければならない。損害に

は精神的損害も含まれる。」これは，ドイツ民法第1298条第1項を簡略化して私が作ったものです。このような法的ルールが明文の形で規定されているならば，A男とB子との関係がこの法的ルールの要件を満たしているのかどうかを判断すればいいのです。A男はB子にとって本当に「婚約者」なのかどうか。A男は「婚約を破棄した」のかどうか。あるいは，何が「婚約破棄から生じた損害」なのか。B子がA男に送った総額6万円は「損害」に当たるのかどうか，といった具合です。

ところが，ここで大きな問題に直面します。実は，**婚約についてわが国の憲法や法律は何も規定していないのです**。日本国憲法第24条は婚姻について述べているにすぎませんし，民法第725条以下のいわゆる親族法も同様です。大前提となるべき法的ルールが憲法や法律の中に明文の形では存在しません。

A男とB子の事件は，この意味で特異なケースです。序章の事件を読んだときあなたは，どうしてこんな簡単なことが法的問題になるのだろう？　という疑問をもったかもしれません。しかし本件は，法的に見ると結構多くの問題を含んでいます。

2　裁判官は裁判を放棄できる？

では，裁判官は「判断の基準とすべき法的ルールがないから分かりません。」と答え，法的解決を放棄することができるのでしょうか？　それはできません。

刑事事件では，ある行為を犯罪と規定する法律が行為時点で存在しないときには，被告人を有罪とすることはできません。その行為がどれほど道徳的非難に値しようとも，裁判官は「無罪」を言い渡さなければなりません。この原則は**罪刑法定主義**と呼ばれています。それが，当の刑事事件にとっての解決策です。ここには法と道徳が異なる一つの局面があります。手続き重視という法の一側面がここに現れている，とも言えます。また，起訴するほどではないと判断され，そもそも裁判にならないときもあります（**起訴便宜主義**ということばを調べて下さい）。しかし，本件のような民事事件は違います。裁判所はとにかく

何らかの解決策を講じなければなりません。それは義務というよりもむしろ、裁判所が担う国家権力の威信に関わります。なぜなら、もめごとによって乱された平和を取り戻す力こそが権力作用の最たるものだからです。

3 法的ルールはどこにある？

ではどうすればいいのでしょうか？ 結論を理由づけるには大前提としての法的ルールをどこかに見つけなければなりません。大きく分けて a, b 二つの答え方があります。

3-a 法律の条文以外に法的ルールを探す

一つは、法律の条文から離れてルールを探す場合です。でもどこに？ 三つのタイプを分けてみましょう。

① 裁判官自身が自分の**良心**をかえりみて、「これこそ法である」と考えるルールをそのまま適用することもありえます。とはいえ、裁判官は自分の道徳的観念だけを頼りにして法を勝手に作り出すのではありません。むしろ、良心という泉の中に**法を発見**しようとしていると言うべきでしょう。その際裁判官は、長年にわたってつちかわれてきた職業感覚をフルに発揮して、法を探そうとするでしょう。その意味で、素人の道徳的判断とは性質が異なっています。

　このとき裁判官は、あたかも立法者のように振る舞います。そうすると、国民から直接選出されたわけではない裁判官がどうして立法者と同じようなことをしていいのか？ という深刻な疑問が出てくる可能性があります。

② 一般に人々が婚約に関して守っている**慣習的ルール**を明確にし、それをそのまま目の前の事件にあてはめることもあります。たとえば、結納金をもらった側——たいていは女性です——から一方的に婚約を破棄する際の結納金倍返し。婚約とか結婚に関しては、地方ごとに少しずつ異なった慣習的ルールがあります。何といっても、次世代の人々を生み出す婚姻はき

めて重要な社会的できごとなのですから、その地方特有のさまざまな儀式や習慣が積み重ねられています。
③　婚約とはそもそもかくかくしかじかのものであると主張することによって婚約の**本質**を示し、そこから法的ルールを導き出そうとする場合もあります。これは一種の哲学論と言ってもいいでしょう。神を媒介とした契約として婚姻をとらえるなどというのは、その一例です。哲学論はたしかに興味深いものです。しかし、それが必ず多くの人の支持を得ることができるとは限りません。

■　*課題8*；　これらのルールがやはり「法的」ルールと呼ばれるならば、憲法や法律以外にも法が存在するということになるでしょうか？

3-b　既存の法律との連関を探求する

　もう一つは、何とか既存の法律との関連を探そうと努めるやり方です。日本の裁判所が通常取るのは、こちらです。現に「婚姻予約」は、同じく制定法に規定がある婚姻と予約とを合体させて作られたことばです。
　では、なぜ日本の裁判所は、法的ルールを探し求めるときに既存の法律との関連づけにこだわるのでしょうか？　なぜ、**3**-a のように、裁判官個人の良心や、ある地域や集団で慣習として認められているという事実や、更には事柄の本質に訴えないのでしょうか？
　3-a、**3**-b いずれを取るべきかは、法秩序や社会全体の中で裁判所に期待される役割によって変わってきます。また、その役割に対応した裁判官自身の意識にも左右されます。そこで日本の裁判官の意識を推測するならば、おそらく、「立法府とは違って政治責任を負えない裁判官が自分の判断で『これが法である』と述べることは無責任だ。」と考えているように思われます。たしかに、間接民主主義の原則からすれば、立法府こそが民意を最も忠実に代表しているはずです。そして、裁判所の判断がその最終的理由付けを立法府の作る法律に求めるということは、裁判所の権力作用を国民自身が間接的にコントロー

ルしていることを意味する，と言えるでしょう。判決を理由づける法的ルールが既存の法律との関連性をもたないならば説得力を失う，と裁判官が考えるのも分からないではありません。

このとき，裁判官はいわば法律の背後に隠れます。特に **3**-a で触れた①や③のときとは違い，表向きは裁判官個人の姿があからさまにはならないからです。しかしその代償として，判決の理由づけはかなり複雑になります。A 男と B 子のような世間一般の意味での婚約に関しては，憲法にも法律にも明文の規定がありません。そんな状況のもとで既存の法律とどのように関連づければいいのでしょうか？

一番効果的な説明方法は，A 男と B 子の事件が既存の法律が想定している典型的事例とどこかで似ていると述べることです。

4　似ているものを探そう！

民法典では，予約は売買のところに規定されています。民法第556条，更に有償契約に準用する民法第559条を見て下さい。では，民法で予約として想定している事実関係と，一般に婚約と呼ばれている事実関係とは，どこか似ているのでしょうか？　どこか似ていると考えないと裁判所の論理は破綻します。全く同じとは言いませんが，**重要な点で似ているからこそ**予約に関する規定が婚約にも適用されるとの結論が出されるのです。

■　*課題9*：ホテルの予約や切符の予約と婚姻の予約とを比較してみましょう。どこが似ており，どこが違っているでしょうか？

似ているものを見つけるということは，非常に重要です——その反面，あるものとあるものとを「違っている」と判断することも，負けず劣らず重要です——。初めて接するものを理解しようとするとき，それと似た既知のものを思い浮かべ相互に比較することは有益です。そもそもすべてのものはそれが位置している時間や空間を考慮に入れるならば，一つとして同じものはありませ

ん。しかし一定の視点から眺めるならば，同じ側面をもっていることがあります。その限りでお互いに似ています。たとえば，あなたとあなたの隣にいる人とは，違う名前をもった別の人間です。けれども，両者共に「人間」という限りでは同じです。ペットの亀と比較するならば，あなたとあなたの隣人とはよく似ています。そしてもし地球外生命体が現れて，その生命体との対比が問題になるならば，あなたと亀は「地球上の生命体」という共通点をもっている限りで似ています。

そこで，ひとたび似ているものが発見されたならば，「似ているものは，似たように取り扱われるべし！」という素朴な正義感によって支持されている原則が適用されます。この原則は私たちの日常生活でも大切です。事前に相談して似たような内容の答案を書いたはずであるにもかかわらず，友達の方は合格点であなたは不合格だったならばあなたも大いに不満を漏らしませんか？

5 既存の法的ルールによる説明はどんな効果をもつ？

では，婚姻と予約に関する既存の法的ルールと結びつけてこの事件を処理することによって，何がどうなるのでしょうか？ 婚姻や予約についてすでに法律上ならびに裁判例の蓄積によって規定され明確にされた事柄，つまり婚姻や予約一般の成立・解消・賠償等についての法的要件と効果が，婚姻予約の場合にも適用されることになります。

5-a 民法上の予約の規定を婚姻予約に適用するとどうなるのか？

婚姻の方は一応脇に置き，予約の一般的な規定が婚姻予約に適用されるとどうなるかということを，A男とB子の事案を例に取って見てみましょう。

民法第556条第1項には「売買の一方の予約は，相手方が売買を完結する意思を表示した時から，売買の効力を生ずる。」と書かれています。ここでいう売買を婚姻と読み替えることが許されるならば，「売買を完結する意思を表示した。」とは，婚約していた一方が相手方に「もうそろそろ結婚しましょうよ！」と伝えるということです。そのときから「売買の効力」が生じると言わ

れていますが、「売買の効力」の発生原因については民法第555条に書かれています。「売買は当事者の一方がある財産権を相手方に移転することを約し、相手方がこれに対してその代金を支払うことを約することによって、その効力を生ずる。」平たく言えば、たとえば「この家を売りましょう。」「その家を買いましょう。」と約束することによって、家屋の売買の効力が生じるというわけです。ではその効力とは何でしょうか？　それは、「約束通り売ってくれ！」と相手に要求したり、「約束したように買ってくれ！」と求めることができるということです。そのとき、それぞれの相手方には要求に応じる義務が発生します。

　そこで、婚姻の予約に話を移し、民法第555条に言う「財産権」を身分関係と読み替え、「財産権を相手方に移転すること」や「代金を支払うこと」を婚姻関係に入ることと読み替えてみましょう。そうすると、予約の一方の当事者が「約束通り結婚しましょうよ！」と相手方に伝えたならば、相手方の返事を待たずそれだけで相手方には結婚に応じる義務が発生することになります。B子がA男に対し「結婚してよ！」と言ったときにA男は結婚しなければなりません。実際の事例とは逆に、A男がB子に「結婚しようよ！」と言う場合も同じです。民法第556条第1項と併せて考えると、そのような結論になります。

5-b　明治時代の判決は婚姻予約という考えを認めなかった

　しかし、このような結論はあなたの感覚に合っているでしょうか？　男女関係では心変わりは珍しいことではありません。ましてやA男とB子に見られるような遠距離恋愛では、二人の愛情をはぐくんでいくことはかなり大変だったでしょう。そもそも、結婚にあたっては結婚をする時点での当人同士の自由な意思が最も重要なのではないでしょうか？　したがって、数年前の約束に基づいて一方が「結婚しましょう！」と言ってきたならば、それだけでその申し出に応じる義務が他方に発生するなどという考え方こそ変ではないでしょうか？　少なくとも表面的な論理に従う限り、明治時代の裁判所は現にそのように考えていました。一部だけですが、以下に二つの判決文を引用してみましょう。当時の法律名や条文は今のと違っていますが、基本的な考えは理解できる

と思います。いずれも現代語に訳してあります。

　まず一つは，もし婚姻の予約に反したならば違約金を取るという約束をしていた事例です。変な約束だと思うかもしれませんが，当時の女性の地位を少しでも安定させたいという苦肉の策だったようです。そこで女性の方が原告（＝控訴人・上告人）となり約束通り違約金を請求したところ，認められませんでした。以下がその理由です。

　　しかしながら，明治八年太政官達第二〇九号には，『婚姻は……当事者双方がよく相談し合意をしていたとしても戸籍に登録されていないうちはその効力がないものと見なす』との規定がある（ただし，その登記を怠ったとしても婚姻の事実があるときには夫婦として認める場合もあるという例外はあるけれども）。また，民法第七七五条には，婚姻は戸籍係りに届け出ることによってその効力を生ずると規定されている。これらの規定から考えると，法律上次のようになるだろう。すなわち，婚姻は人生の一大事なのだから民法が施行される前後を問わず，結婚の時には特に当事者双方の自由な意思があることが必要である，したがって，当事者の自由な意思の合致に基づいて戸籍に登録したときまたは戸籍係りに届け出たときをもって初めて婚姻は有効となるのである。以上のことから，将来婚姻をしようという予約のような行為を法律が認めないことは明白である。なぜならば，もしそのような予約が法律上有効であるとすれば，当事者の一方がさまざまの事情によって意思が変わることがありうるにもかかわらず，その予約に束縛されてしまい，ついにはその意思をまげて婚姻をしなければならなくなってしまうからである。そしてそのような場合には，婚姻が当事者の自由な意思に反して成立してしまう結果，夫婦の愛情が損なわれてしまうおそれがあるからである。（大審院判決明治35年3月8日大審院民事判決録第8輯第3巻16～19頁。傍点は原文の通り）

　このように裁判所は，婚姻の予約は法的に有効ではないと述べました。その後出された次のような判決文の一部も引用しましょう。上の判決で婚姻予約が法律上認められないことになったので，原告（＝控訴人・上告人）の女性は，男性の債務不履行を理由とするのではなく，男性側には女性の名誉を傷つけた不法行為があると主張しました。この二つの理由づけがどう違うかについては後に触れますが，この主張もまた認められませんでした。以下がその理由です。

婚姻の予約が法律上効力を持っていないことは本大審院が採用している意見であるし，既に判例がある——つまり，上の大審院判決明治35年3月8日の判決です（陶久）——。そうであるならば，そもそも婚姻の予約には当事者を拘束する力はなくこれを履行するかどうかは全く当事者の自由であって，履行しないとしても何ら責任がないことは言うまでもない。たしかに，婚姻予約がなされその土地の慣習にしたがって婚姻の儀式を挙げ事実上夫婦同様の生活を数年にわたって続けてきたときには，世間の人は予約者である女性を妻と見なすであろう。したがって，この関係が絶たれるならば，当の女性は出戻り者とか疵物とか言われ女性としての品格を傷つけられることとなる。この点は，上告人の主張の通りである。だが，夫婦同様の関係が生じたのは双方の自由な意思によるものなのだから，これを不法行為と見なすことができないのは当然である。そしてまたこの関係を絶つことも双方の自由なのだから，予約の履行を拒否した結果として女性の品格を毀損し名誉を傷つけたとしても，不法に名誉を侵害したと言うことはできない。（大審院判決明治44年3月25日大審院民事判決録第17輯171頁。傍点は原文の通り。）

一読しただけでは抽象的すぎて，何を論じているのか分かりにくいかもしれません。判決文を理解するには，事案の事実関係を詳細に検討する必要があります。とはいえ，論理の中心部分は分かると思います。これらの判決では，婚姻予約は法律上効力をもっていないと言われています。A男とB子の事件について最高裁判所が下した判決とは違います。しかも，その理由はと言えば，婚姻は当事者双方にとって人生の一大事なのだから婚姻を届け出た時点での当人の自由意思に基づくべきだ，だから予約によって将来の意思を拘束してしまうのは婚姻の趣旨に反するではないか，ということです。このように明治時代の裁判所は，当事者の自由な意思を尊重することによって婚姻予約という考え方を否定しています。だからこそ不法行為も成立しない，と続けています。

これらの事件とA男とB子の事件とでは，たしかに事実関係が違っています。この点は後に触れます。ただ，ここで指摘したかったことは次のことです。ふだん私たちが使っている婚約ということばには，約束あるいは予約という意味が含まれています。そこで，ここでの婚約を婚姻の予約と理解し，その予約を法的意味でとらえるならば，法律上予約について蓄積されてきた解釈とか，予約と密接に関連しているような他の条文などとの論理的連関性を必ず考

慮しなければならないのです。だからこそ，上に引用した明治時代の裁判所は，婚姻の予約を認めてしまうと一方の意思表示があったとき他方が婚姻を断ることができない，と考えたのです。昭和38年の最高裁判所の判決文では，こんなことは一言も触れられていませんでした。しかし私の印象では，この明治時代の判決の方が予約についての条文にできるだけ忠実であろうとしているようにみえます。そして，予約の効果を売買の規定のままに把握しようとするからこそ，売買の予約と婚姻の予約とは決定的に性質が違う，という本質論が出てきます。このようにして当時の裁判所は，売買の予約の規定を結婚の約束にまで広げていこうとする動きを押しとどめ，婚姻の予約という考え方自体を否定しました。その結果特に女性に対してどんなことが生じたのかについては，もう少し当時の婚姻関係の現実を調べなければなりません。

5-c 法的ことばは法的ルールの集まりでもある

　別の点を指摘します。これまでの説明からすでに気づいたことと思いますが，予約という法的ことばには少なくとも二つの意味があります。一つは，法的ルールに含まれることばとしての予約です。たとえば，民法第556条第1項をもう一度見て下さい。その一方で，もう一つ別の意味があります。それは，予約の成立や解消，更には違反があったときの損害賠償のあり方等について規定している**法的ルールの集まり全体**を指す場合です。それらの法的ルールが束のように合わさって全体として，予約と呼ばれる法的ことばを作り上げています。

　ところが，興味深いことがあります。それは，ひとたび全体としての予約ということばが作り出されたならば，予約の意味は，しばしばそれらの条文の束だけに限定されなくなることがあるということです。むしろ予約の「本質」を示している，と理解されることがあります。その結果，条文に規定されてはいないけれども，予約本来のあり方を見れば当然規定されてしかるべき法的ルールを予約の本質から導き出すような論法が，時折見られるようになります。判例や学説の発展がこのような「事柄の本質」論に依拠する場合は，まれではあ

りません。

　では，予約の本質はどのようにすればとらえられるのでしょうか？　まずは予約に関わる複数の法的ルール相互の意味的連関を究明すべきでしょう。しかし，それだけでは不十分です。むしろ，視線を予約ということばによって表現されている社会的事実に向ける必要があります。それらすべてに共通する特徴を選び出すのか，それとも必ずしも共通はしていないけれども最も特徴的と思われるものを選ぶのか，はたまたそれ以外のやり方をとるのかは，本質ということばの定義にかかっています。いずれにせよ，宙に浮いたような現実離れの本質論を展開してはいけません。そうではなく，何よりも予約ということばによって表されている現実をさまざまな角度から観察し，そこにひそんでいる本質を洞察するようつとめるべきでしょう。同じことは，予約についてだけではなく，婚姻についても更にはそれ以外の法的ことばについてもあてはまります。

　日本の裁判所はできる限り既存の法的ルールとの結びつきを保とうと努力する，と私は先に述べました。それにもかかわらず実は，裁判所の判決の中にはこの「事柄の本質」論のように，**既存の法的ルールへの結びつき以外の考慮**が時々顔をのぞかせることがあります。法律学や判例に対して初学者が戸惑いを感じるのも当然です。でも，戸惑いを感じたら，「裁判所はどうしてこのような論法を使うのだろう？」と一歩立ち止まって考えてみて下さい。そこでは，次の **6** に指摘するような考慮が働いている場合があります。

6　婚約と婚姻予約は同じ？

　ところで，これまでの説明を読んで次のような疑問をもつ人がいるかもしれません。裁判所が婚姻予約と呼んでいる事実関係と，世間一般に婚約と呼ばれているような事実関係は同じなのだろうか？　という疑問がそれです。おそらく大部分の人は，「違う」と答えるのではないでしょうか。というのも，普通言われる婚約には，当事者同士が結婚に合意しただけではなく，更に結納や記者会見，婚約指輪のプレゼントやそのお返し等の儀式が加わっているからで

す。そのような一連の儀式があってはじめて，当事者以外の人も彼らが近いうちに結婚するということを知ることができます。A男の弁護士が指摘したように，普通の婚約には公然性あるいは公示性が伴っています。

ところが，裁判所の言う婚姻予約では，そのような儀式は当事者の「意思推断の一資料」にはなるものの，婚姻予約成立の必要条件ではありません。そうすると，裁判所が婚姻予約ということばを使うとき，私たちが一般に婚約ということばによって示している事実関係の内容と事例を単に法的な用語で説明し直したわけではないようです。両者は多かれ少なかれズレています。それでは，このズレはなぜ生ずるのでしょうか？ 二つの答えを考えてみましょう。

6-a 当事者の意思を最も重視する

一つの説明は，憲法によれば，「婚姻は，両性の合意のみに基づいて成立」（同第24条第1項）する，とされているというものです。もちろん，実際の婚姻をみるならば単純にそのようには言えません。親や親戚の反対を押し切って結婚するのは，こんにちでもかなりの勇気を必要とするでしょう。しかし，婚姻をめぐる現状と法的にみて何が重要なのかは必ずしも一致しません。法は社会生活上の現実がいかなるものであれ，「法的にはかくあるべきだ！」という一種の理想像を示してもいるのです。そしてその理想像とは，一人一人の意思が最大限尊重されなければならないということです。この考えが，婚姻予約にも及んでいきます。

でも，なぜ当事者の意思の合致がそれほど大切なのでしょうか？ おそらく，自らの自発的意思に基づいて行動することこそが最も大きな満足感をその人に与え，次の積極的行為をうながし生活を生き生きとさせるからではないか，と思われます。自分の意思で道を切り開いていく態度は，同時に自分以外の人の意思を尊重するよう自らに命じ，他人に対する責任を自覚させるでしょう。ひいては，次のような問題群とも関連しています。すなわち，かけがえのない個人の存在・自由・自己決定・責任・自発性・当人にとっての最大利益・更には社会構成のあり方と個人の生き方といった，法の根本にある問題です。

6-b　裁判官の心理を推測する──一種の正義感と勘──

　しかし，社会の現実と法とが必ずしも一致していないという指摘だけでは，この判決の説明としては不十分です。そこで第二の説明は，裁判官の心理を推測し，要するに裁判官がB子を法的に救済したいと思ったからだ，というものです。仮に，世間一般に婚約と呼ばれている実態を備えていないとしても，事実関係を詳細に見れば，B子の利益を保護しないことは適切ではないと裁判所が評価したのです。それは，**具体的妥当性**や**実質的妥当性**を考慮することだとよく言われます。あるいはまた，功利論的論法が働くこともあります。もしA男が勝訴したならば，そのとき訴訟当事者はどうなるだろうか？　逆にB子が勝訴したならばどうか？　ということを考え，それぞれの場合のプラスマイナスを予測し・評価し・計算します。仮に正確な数値化が困難であるとしても，A男が勝った場合とB子が勝った場合との相対的比較はさほど難しくないでしょう。比較し優劣をつけるときに一種の正義感情が働きます。そのような情に基づく理由づけが判決文からにじみ出てきて，読者に対し大きな情緒的満足を与えることもあるでしょう。

　もっとも，だからといって裁判所が正面から，「A男が勝った場合よりB子が勝った場合の方がプラスが大きいのだから，A男は彼女に対して精神的損害を賠償せよ！」などと命じることはできません。いわんや，「B子がかわいそうだから，A男は彼女に対して精神的損害を賠償せよ！」といった情緒的反応をむき出しにすることも許されません。なぜなら，裁判所の判決には誰もが納得する法的ルールに基づく理由づけが必要だからです。

　法的ルールを中心に考えるとき，功利論的論法はその背後で働いたり，ルールに対する例外を認めたりするときの補充的論理です。また，「かわいそう」などという感情論は，その感情が他の誰にも共有されないならば，単に一個人の非合理的な理由づけと見なされるにすぎません。法的な理由づけをしようとするならば，一体どのような事実関係があったときに「かわいそう」という感情に基づいた法的解決が図られるのかが，ルールの形で示されなければなりません。そのときには，B子個人の個別的事情をこえて，B子のような人のかくかく

しかじかのような事情へと，ある程度普遍化され一般化されなければなりません。

ところが，ルールを探そうにも，社会生活上婚約と呼ばれている関係について憲法や法律に明文の規定はありません。その一方，裁判所はできるだけ憲法や法律との結びつきを求めようとします。このようにして裁判所は，既存の婚姻と予約についての条文を手がかりに，婚姻予約ということばを作りあげました。先に明治時代の判決を見たように，これには少々無理がありました。その結果，婚姻予約に言う予約は，民法を作った人が最初に考えていた予約とは少しズレるばかりか世間一般の意味での婚約ともズレてしまいました。けれども，何とか既存の法律との結びつきを保ち，とにかくＢ子のような人の利害を一定程度法的に救済することができるようになったというわけです。

しかしこれまで述べた，裁判官の心理を推測する説明が正しいとすると，法的思考とは何のことはない「Ｂ子がかわいそう」といった勘や情に基づいて結論を先取りすることなのでしょうか？　たしかに，そのようにして弱者は救済されるのかもしれません。正義感情といった美しいことばを使うこともできるかもしれません。でも，これまで私が強調してきた「論理の重要性」は一体どこへ行ったのでしょうか？　せいぜい功利論のプラスマイナス計算の時だけに使われるにすぎないのでしょうか？　論理に基づいた理由づけなどは，「かわいそう」という感情によって先取りされた結論の上に，後から着せられた単なるお飾りのようなものなのでしょうか？

これはかなり深刻な問いです。さしあたり次のように答えておきましょう。たしかに勘とか情に根ざした法的判断も皆無とは言えないかもしれません。それどころか，最終的結論の妥当性は勘や情によってこそ納得させられるのかもしれません。しかし他方で，論理は論理でそれ独自の価値をもっています。何よりも，一方当事者にだけ加担した感情がむき出しになることを防ぐことによって，感情や勘に一定の反省を加えることができます。私は批判ということを何度となく述べていますが，論理的批判は新しい議論の輪を広げていく大きな力をもっています。仮に勘によって結論が先取りされるとしても，それを法的ルールによってうまく理由づけることができないならば，別の結論を検討せざ

るをえません。論理はそのような形で，勘や情の先走りに対して歯止めをかけ反省をうながすのです。

あるいは，「結論が実質的に妥当」だと裁判官が勘を働かせるとき，その勘はどのようなものかを考えてみるべきでしょう。民事事件にあっては，当事者あるいは当事者と同じ立場の人々の利益を比較しそれぞれの重みをはかってみることも重要です。法的論理の背後には，社会生活を営む人々相互の利害調整があります。それは，多様な側面を慎重に考慮し多くの意見を聞いた上でなされるのが常です。もしそれが勘や感情によって先取りされるとするならば，それは裁判官という仕事に長年携わることから生じた知恵と言うほかありません。つまり，むき出しの勘などではなく，長年の間法的ルールを働かせることによってある一定方向へ制御された勘こそが裁判官の勘なのではないでしょうか。その限りで勘は法的論理によって練られているのです。

第5節　判決文の再構成

さて，それでは，裁判所が取った理由づけの論理はどのようなものでしょうか？　道徳的判断について説明したときとは違って，判決文に書かれてある順序にしたがって以下に再構成してみましょう。最高裁判所が支持した高等裁判所の判決を素材にします。「　」は判決文からの引用ですが，文中に挿入されている（　）とそれぞれの番号の末尾に付されている【　】内の説明は，私が補充しました。

① 当事者間には，かくかくしかじかの事実関係（略）があった。【＝事実認定】

② 「凡そ正常な意思能力を有する男女が真実将来夫婦になることを約したときは，それによって婚姻の予約が成立し，当事者は互いに将来婚姻を成立せしむべき義務を負担するに至るのであって，被控訴人（＝A男）が主張する如く結納を取り交わさず，何等かの儀式を挙げなかったからといっ

て婚姻予約が成立しないと解すべきでなく，結納の取交し，仮祝言の挙行等の公然性も当事者の婚姻予約成立の意思推断の一資料に過ぎないと解する。」【＝婚姻予約の成立要件についての解釈，そして，そのような解釈を通じての新しい法的ルールの提示】

③　①の事実関係を見ると，当事者は「当初肉体関係を結ぶに当って，真面目に婚姻予約を締結していたことを認めることができる。」【＝①の事実関係を②の要件にあてはめること＝包摂，「真面目に」という表現が②に言う「真実」と同一視されている。】

④　婚姻予約が成立していた状況で，当事者の一方が正当な理由なく婚姻を拒絶した場合には，相手方は婚姻予約不履行による損害賠償を請求することができる。【＝婚姻予約に関して損害賠償を認めることのできる要件についての解釈，そして，そのような解釈を通じての新しい法的ルールの提示】

⑤　①の事実関係のもとでは，「婚姻予約不履行の責は」A男の側にあるし【＝つまり，A男の側からの婚姻予約不履行に際して「正当な理由」がない】，B子はA男の「婚姻予約不履行によって，精神上相当の苦痛を蒙ったであろうことが窺えるので，」A男はB子「に対し」彼女の「蒙った右精神上の苦痛に対する損害を賠償すべき義務がある。」【＝①の事実関係を④にあてはめること＝包摂】

⑥　かくかくしかじかの事実関係のもとでは，損害賠償の額として10万円が相当である。【＝判決主文に示されたような結論】

判決文を解説する際に，そこで使われている重要な法的用語は正確に再現して下さい。法的ことばは，できる限り明確な意味をもつように厳格に使われるのが普通だからです。たしかに，法的問題について唯一の正しい答えが存在することは稀です。しかし，ことばの使い方については別です。これは約束事ですから，約束事に違反する使い方をするならば，それは端的に誤りです。

第3章　判決文の批判的検討

　さて，実際に判決文を読んでみて，あなたはどういう感想をもちましたか？高等裁判所や最高裁判所の判決内容はちょっと変だと思いませんでしたか？判決に対しては，上級審の裁判官だけが批判をする権限をもっているのではありません。最高裁判所の裁判官が下した判決についても，誰もが自由に批判できます。法律のことなど何も知らないあなたもです。確定した判決にしたがってA男がB子に損害賠償をする一方で，「やはりあの判決はおかしい。」と述べることは，決して矛盾していません。無期懲役刑に服しながら「判決は間違っている！」と叫び続ける冤罪の犠牲者と同様です。一方は裁判のもつ**権威**の問題であり，他方は**言論の自由**の問題です。もっと巨視的に見れば，多くの人が判決内容を後から批判的に吟味することを通じて，法は深められ発展していくのです。議論の必要性と同じです。以下では，もう少しこの「婚姻予約不履行に基づく損害賠償請求事件」の判決を読むことを通じて，判例や法律解釈の問題，そして判決内容の批判にまで話を進めてみましょう。

第1節　隠された前提の1：法的ルール自体が明確に示されていない

　高等裁判所や最高裁判所の判決には，必ずしも明らかにされていない前提が隠されています。一体何が隠されているのでしょうか？
　先の道徳的判断のときと同じように，ルール論法を基本に考えてみましょう。そうすると，**大前提である法的ルール**とその**解釈**，**事実認定**と**あてはめ**という四段階の前提が結論を導くためには必要であるはずです。ところが，高等裁判所の判決は，法律解釈や事実認定やあてはめについては述べているものの，そ

もそもの大前提である法的ルールが何であるのかを明らかにしていません。そこで，隠されている法的ルールを明るみに出すために，二つの点を指摘しましょう。一つは，判決文の編集者が参照として掲げた民法第415条です。もう一つは，婚姻予約というとらえ方の是非についてすでに判例が存在するということです。大審院聯合部判決大正4年1月26日『大審院民事判決録』21巻49頁以下などがそれです。

　まず，参照条文民法第415条に関連して次のような論理が展開されているはずです。
　△予約は現行法上，売買についての規定の一つです（民法第556条）。
　△それが有償契約一般に準用されることが，明文化されています（民法第559条）。
　△婚姻予約は有償契約そのものではありませんが，その性質は予約の類推適用を妨げないと判断されます。［この一文に示された判断は，判決文から明らかに推定される訳ではありませんが，裁判所はこのように考えているものと私は推測します。］
　△ところで，契約の当事者は互いに債権・債務を負います。
　△予約が契約の一種である以上，予約の当事者も互いに債権・債務を負います。
　△債務者がその債務の本旨に従う履行をしないときは，債権者はその損害の賠償を請求することができます（民法第415条）。
　△したがって，予約の一方の当事者は，相手方がその債務の本旨に従う履行をしないときは，その損害の賠償を請求することができます。
　△婚姻予約の当事者についても同様です。
　△ただしここでは，民法第415条にいう「債務の本旨に従う履行をしない」ということを「正当な理由なく婚姻を拒絶する」ことといいかえていますので，少々複雑になっています。

■ **課題10**：「有償契約」とは何ですか？「債権」「債務」とは何ですか？「履行」とは何ですか？「準用」とは何ですか？『法律学小辞典』（有斐閣）等で調べて下さい。また，それぞれについて具体例を考えて下さい。

　A男とB子の事件で婚姻予約が成立したと見なされたならば，なぜA男がB子に対して損害賠償責任を負わなければならないかの説明は，以上のような論理をたどって初めて理由づけられます。ところが，判決文にはこのことは何ら述べられていません。このような論理は当然のこととして前提されており，裁判所の主たる関心は，婚姻予約の成立要件や損害賠償を認める要件の検討に向けられています。あなたは，民法学をはじめとする法律学の勉強を通じて，このような法律家にとって当たり前の前提，つまり法的解決を導く際に大前提として働く法的ルールやそれらの相互連関を学ぶことになります。

第2節　隠された前提の2：過去の判決例を探そう

　次いで判例について述べましょう。先に明治時代の判決例の一部を二つ引用しました。婚姻の予約というとらえ方をしてしまうと，売買の箇所に規定されている予約の意味が婚姻に関しても適用されることになってしまい，婚姻の本旨に反するではないかという議論との関連でした。ところがその後，裁判所は考え方を変えました。一定の事実関係を婚姻予約と把握することが法的に有効である，と述べたのです。大審院聯合部判決大正4年1月26日『大審院民事判決録』21巻49頁以下がそれです。以下に全文引用しましょう。

1 大正四年一月二十六日民事聯合部判決の紹介

【縦書きを横書きに変え，原文のカタカナをひらがなにかえた上で，濁点や句読点をふってあります。旧漢字や傍点はそのままです。】

〇損害賠償請求の件　　大正二年（お）第六百二十一號

大正四年一月二十六日民事聯合部判決

◎判決要旨
一　婚姻の豫約は將來に於て婚姻を爲すべきことを目的とする契約にして有效なり。
一　婚姻の豫約は法律上之に依り履行を強制することを得ざるも、當事者の一方が正當の理由なくして違約したる場合に於ては、其一方は相手方が豫約を信じたるが爲に被むりたる有形無形の損害を賠償する責に任すべきものとす。
一　婚姻の豫約不履行に因りて生じたる損害の賠償は、違約を原因として請求することを要し不法行爲を原因として請求すべきものに非ず。

　　　第一審　下妻區裁判所　　第二審　水戸地方裁判所
　　　上告人　T男　訴訟代理人　高木金之助
　　　被上告人　N子　訴訟代理人　大久保端造

右當事者間に損害賠償請求事件に付、水戸地方裁判所が大正二年十月二十一日言渡したる判決に對し上告人より一部破毀を求むる申し立てを爲し、被上告人より上告棄却の申し立てを爲したり。

　　　　　主　文
原判決中「其餘の控訴人の請求は之を棄却す」とある部分を除き、其他を破毀し被上告人の控訴を棄却す。控訴以後の訴訟費用は總て被上告人の負擔とす。

　　　　　理　由
上告論旨の第一點は、原判決が上告人に過失ありと爲したる第一の理由は、事實上の婚姻を爲したるものは離別せらるべき程度の過失缺點あるにあらざれば離別することを得ず、然るに上告人は些細の事由の下に被上告人を離別したるが故に過失ありと云ふにあり。然れども原判決の所謂離別し得べき程度の過失

缺點とは如何なる事項を指稱するや不明なるのみならず，元來婚姻は戸籍吏に届出でて始めて其效力を生ずべきものにして，届出前の婚姻もしくは婚姻の豫約は法律上無效にして何らの保護を受くべき關係にあらざるなり。故に，假令媒妁人ありて事實上婚姻を爲すも未だ届出を爲さざる以前に於て，一方もしくは雙方に於て適法の手續を爲すことを欲せざるに至りたるときは，其事由の如何に關せず法律上これを強要して婚姻を成立せしむべきの途なきこと誠に明白なりとす。即，婚姻届出を爲すや否は全然當事者の自由にして，既に事實上の婚姻をなしたると否とを問ふべきものにあらざるなり。原判決が既に事實上の婚姻をなしたる以上は或程度の過失缺點あるにあらざれば之を離別することを得ずと爲したるは不當なり。加之，上告人は不幸にして結婚式後間もなく病院に入院したるにより，三日目より實家に歸り居りたる被上告人に之を通知したるに，被上告人は上告人宅に至りたるのみにて病院に來らず，しかも一泊後再び實家に歸れるのみならず，其際被上告人と同伴したる其父は地方の慣習に背て媒妁人を訪はざりしが爲め，媒妁人に於いて行末を案じ媒妁人たることを辭するに至りたるが爲め，上告人は彼是熟考の上離緣するを可なりと思料し，其意を實家へ歸宅中の被上告人に通じたるものなること上告人が原裁判所に陳述したる所の如し。而して此事實は，被上告人の認むる所にして原判決の確定したる所に屬す。果して然らば，上告人は當初に於て婚姻の意思なかりしものにあらず。また，中途に於て謂れなく婚姻の意思を變更したるものにあらず。何人と雖も此の如き場合に際會せば，將來を思念し適法の婚姻手續を爲すべきや否を熟慮すべきは相當の舉措にして，遂に之を以て離緣に決するも亦已むを得ざるなり。即，上告人が婚姻手續を斷念するに至りたるは相當事由ありたるが爲めにして，決して過失によりて被上告人を離別したるものにあらざるなり。假に，上告人が離別の決心を爲したるは些細の事實に原因すと爲すも，婚姻豫約に基きたる事實上夫婦の關係を無視したるが爲め不法行爲の責任なきことはもちろんなるが故に，原判決が些細の事實の爲めに離別したるは過失なりと爲したるは，如何なる理由により過失ありとなしたるものなるや，其意を解すること能はず。原判決は法律の適用に誤りもしくは判決に理由を付せざる不法あ

るものと信ずと云ふに在り。

仍て按ずるに婚姻の豫約は將來に於て適法なる婚姻をなすべきことを目的とする契約にして，其契約は亦適法にして有効なりとす。法律上之に依り當事者をして其約旨に從ひ婚姻を爲さしむることを強制することを得ざるも，當事者の一方が正當の理由なくして其約に違反し婚姻を爲すことを拒絶したる場合に於ては，其一方は相手方が其約を信じたるが爲めに被りたる有形無形の損害を賠償する責に任すべきものとす。蓋，婚姻は戸籍吏に届出づるに因りて始めて其效力を生じ，其當時に於て當事者は婚姻を爲すと爲さざるとの意思の自由を享有するを以て，當事者が將來婚姻を爲すべきことを約したる場合に於ても其約旨に從ひ婚姻を爲すことを強ゆることを得ず。然れども，婚姻を爲す當事者は其届出以前に先づ將來婚姻を爲すべきことを約し，而して後其約の實行として届出を爲すは普通の事例にして，其約を爲すことは實に婚姻成立の前提事項に屬し固より法律上正當として是認する所なれば，適法の行爲なるや言を俟たず。而して其契約は，當事者が相互間に將來婚姻の成立せんことを欲して誠實に之が實行を期し，其確乎たる信念に基き之を約すべきものなることは其契約の性質上當に然るべき所なり。從て，既に之を約したるときは各當事者は之を信じて相當なる準備の行爲を爲し，なほ進みて慣習上婚姻の儀式を擧行し事實上夫婦同様の生活を開始するに至ることあり。斯の如きは婚姻の成立するに至るに相當なる徑路として普通に行はるる事例にして固より公序良俗に反することなく社會の通念に於て正當視する所なり。然るに，若し當事者の一方が正當の理由なくして其約に違反し婚姻を爲すことを拒絶したりとせんか，之が爲めに相手方が其約を信じて爲したる準備行爲は徒勞損失に歸し，其品位聲譽は毀損せらるる等有形無形の損害を相手方に被らしむるに至ることなしとせず。是れ其契約の性質上當に生ずべき當事者の婚姻成立豫期の信念に反し，其信念を生ぜしめたる當事者一方の違約に原因するものなれば，其違約者たる一方は被害者たる相手方に對し如上有形無形の損害を賠償する責任あることは，正義公平を旨とする社會觀念に於て當然とする所にして法律の精神亦之に外ならず，と解すべきを以てなり。本件の事實は，原院の確定したる所に依れば要するに

當事者の一方は眞に婚姻を成立せしむる意思を以て婚姻の豫約を爲し、之に基き慣習上婚禮の式を舉行したる後、上告人は正當の理由なくして被上告人を離別し婚姻を爲すことを拒絶せりと云ふに在るや、判文上明白なり。是れ畢竟、上告人が當事者間に成立したる婚姻の豫約を履行せざるものに外ならざれば、之に因りて生じたる損害の賠償は違約を原因として請求を爲すことを要し、不法行爲を原因として請求すべきものに非ず。然るに本訴請求は、全く不法行爲を原因として主張したるものなること記録上明確にして、其原因とする所既に失當なれば此點に於て棄却すべきものとす。故に、原院が本訴請求を是認したるは違法なるを以て、本件上告は結局其理由あるに歸す。依て、爾餘の論點に對し説明を加ふるの必要なきを以て之を省き、また本件は從來本院の判例に於て示したる見解と相反する所あるを以て、裁判所構成法第四十九條及び第五十四條の規定に從ひ民事の總部を聯合して審理し、民事訴訟法第四百四十七條第一項、第四百五十一條第一號、第四百二十四條、第七十二條第一項、及び第七十七條の規定に從ひ主文の如く判決す。

■ ***課題11***： 上告人は何を論点にしたのか、それに対して大審院はどのように応えたのかを明らかにして下さい。そもそもこの訴訟では結局誰が勝ったのでしょうか？　その論理はいかなるものだったのでしょうか？

2　上記判決文の解説

この判決は、婚姻予約が法的に有効であることを承認した最初のものであると言われています。裁判所もその点を自覚していて、「本件は從來本院の判例に於て示したる見解と相反する所ある」と明確に述べています。それでは原告つまり被上告人が勝訴したのかといえば、全く逆です。原告は、被告の男性には過失があったということを証明しようとし、原裁判所ではそれが認められたようです。なぜそのようなことを試みたのかは、これまで明治時代の判決文の一部を読んだあなたにはすぐ分かるでしょう。婚姻予約は法的に無効だと言われていたので、原告側は別の戦術をとりました。すなわち、事実上婚姻関係に

あるにもかかわらずその関係を破ってしまった点で，被告（＝上告人）には何らかの故意または過失があると主張したのです。つまり，不法行為を理由としました。原裁判所まではそれが認められました。この二つの違いとは，自分の主張を正当化するのにどんな法的ルールを大前提としてもってくるのかの違いです。

　そこで上告人の弁護士は，上告人の行為には過失などない，つまり彼の行為は不法行為を構成しないと反論します。これを二つの角度から論じます。

　その一つは，原判決が「事実上の婚姻をした以上は──離別される側に（陶久）──ある程度の過失欠点がないと離別はできない。」と述べたのをとらえます。事実上の婚姻は婚姻予約の一種と言えますが，婚姻予約は判例によれば法的に無効と考えられてきました。法的に無効である以上，事実上の婚姻状態にあるからといって婚姻届を出すかそれとも離別するかは，当事者つまり上告人の完全な自由であるはずです。原判決はまさにこの自由を制限しようとする点で非難されるべきだ，と上告代理人は論じます。

　二つ目に，仮に第一の反論が認められず原判決の論理に添うとしても，上告人には損害賠償を請求されるほどの過失などないと主張します。逆に被上告人の女性の方に離別されてしかるべき相当な事由，つまり「ある程度の過失欠点」があったと論じます。なぜなら，被上告人である女性やその父親の行為は，上告人が被上告人女性と一生連れ添っていこうとすることに迷いを生じさせるのに十分だったから，というのです。ちなみにここでは，当地の慣習が大きく関わってきます。

　以上二つの反論のうちどちらを上告代理人が真剣に主張したかといえば，おそらく二つ目の方でしょう。第一番目の反論は，婚姻予約無効論を振りかざし「気に入らない女性を離別して何が悪い。俺の勝手じゃないか。」と居直っているようです。しかし，このような正面からの居直りで裁判に勝てるとは思っていなかったでしょう。ですからむしろ，こちらの反論は一応の大風呂敷であり本当に勝負しなければならないのは第二番目の論点である，と考えていたと思われます。

ところが，大審院の判断は予想外のものでした。婚姻予約を法的に有効とした上で，判決文の終わりの方で急にもう一つ別の法的ルールを持ち出してきます。損害賠償の請求原因は明確に一つでないとだめだというのです。「婚姻予約は有効なのだから，婚姻予約不履行を理由とする請求をしなさい。もし不法行為を理由として請求をするならばそれは認められません。」というものです。二つの請求は二者択一のものと考えられています。これを今仮に請求原因一本化論と呼んでみましょう。原裁判所で上告人は不法行為を理由として損害賠償責任を負わされていましたが，この請求原因一本化論によって大審院では責任を免れました。婚姻予約有効の判断は，訴訟法上の法的ルールの前提としてだけ機能し，女性の側には不利に作用しました。もちろん，女性側は今度は債務不履行を理由とする訴訟を起こせばいいのかもしれません。しかし，そのためには多くの時間と労力を新たに必要とするでしょう。

　さて，上記判決について更に四つのことを指摘します。

　一つは，この判決がなぜそれまでの判例をくつがえしたのか，その理由は何かということです。文面からうかがう限りでは「婚姻を爲す當事者は其届出以前に先づ將來婚姻を爲すべきことを約し，而して後其約の實行として届出を爲すは普通の事例にして」と言われています。裁判所は，法制度上の仕組みよりも社会で普通に行われていることの方に軍配をあげたのです。これはかなり重要な視点です。明治時代の判決よりも時代が更に経っていること，その間に婚姻の形態も変化していたであろうこと，民法以外の法律がたくさんできて事実上の夫婦を法律上の夫婦と同じように扱い始めていたことも，このような視点の変化をうながしたのではないかと思われます。それにしても，人々が事実上どのような社会生活を営んでいるかを観察することは，何が法であるのかを判断する貴重な材料を提供してくれるのです。

　ところで，婚姻予約が法的に有効と認められるならば，一方が違約したときには損害賠償責任が生じます。第二に指摘したいのは，上記判決がその損害賠償責任の根拠を「正義公平を旨とする社会観念」とか「法律の精神」に求めているということです。先に述べたように，A男とB子の事件についての判決

では債務不履行責任が問われていました。民法第415条を根拠にしていたのです。たしかに以下でも触れるように，A男とB子の事件と本件とはいろいろな点で異なっています。それにしてもなぜ，大正4年の判決は民法第415条ではなく「正義公平を旨とする社会観念」とか「法律の精神」といった抽象的法原理を持ち出すのでしょうか？

　以下は私の推測です。まず明治時代の民法起草者は，届出一本で婚姻の成立を認める法制度にしたいと考えていたようです。届け出ないままに事実上の婚姻を継続するのは私通であって下等社会での婚姻形態である，それは日本がめざす上等社会の姿ではない，と考えていました。裁判所はそのような立法当初の考え方に忠実であろうとし，婚姻予約を法律上無効であるとしてきました。ところが，民法が理想とする婚姻の形態と明治時代や大正時代の実際の結婚には少なからずズレがありました。婚姻届が出されないまま共同生活が始まり，嫁としてふさわしいかどうかが一定期間試されていた例が多かったようです。そこから，事実上婚姻関係にあるけれどもその試用期間中に試験に不合格になった女性を救済するために，訴訟が起こされるようになりました。裁判所もそのような訴えをいつまでも無視することができなくなったのです。

　ここで，婚姻と予約とを結びつけそれを法律上有効であると宣言すること自体の性質について考えてみましょう。これは一体法律解釈でしょうか？　もし婚姻予約という考え方を売買の予約との類推であるととらえるならば，それは法律解釈でしょう。しかし，かなり思い切った法律解釈です。なぜなら，商品取引での予約と身分関係の変更をもたらす結婚の予約とはずいぶん性質が異なっているとも言えるからです。ですから，その結合を可能にするためには，通常の意味とは違う視点に照らして「両者が似ている」と言わなければなりません。その視点が「正義公平を旨とする社会観念」や「法律の精神」といった抽象的原理である，と考えられます。そうすることで裁判所は，制定法が明確に規定していない領域にあって新しい法的ルールを作り上げ，その限りで立法者のような作業をしているのです。

　第三に触れるべきは，A男とB子の事件と本件との違いです。前者ではま

だ同棲生活は始まっていません。世間的に認められた結婚の儀式は何ら行われていません。後者では結婚式は挙げられています。二人はほとんど一緒に住んではいませんが、それでも被上告人は二日間は婚家にいたようです。前者では若い本人同士がかわした約束の法的効果が問われています。これに対し後者では、一応その地方の慣習上では結婚式を挙げた当事者が、まだ法律上の夫婦としての保護を受けていない状態で離別したときの損害賠償請求です。前者では、かなりあいまいとはいえ、一般に婚約と呼ばれている人間関係にあったのかどうかが重要です。一方、後者では世間的な意味での婚約の時期はすでに過ぎています。このように、前者と後者とではかなり性質の違った人間関係があるにもかかわらず、両者は同じ婚姻予約ということばでひとくくりにされ処理されています。この点は、先に一部だけ引用した明治時代の判決にもあてはまります。このようにある意味ではかなり性質の違う事件に対して同じ法的ことばを用いることが本当に適切なのかどうか、一考を要します。

　最後に、裁判所はこの事件でどうして婚姻予約を有効と述べたのだろう？という疑問に触れましょう。婚姻予約無効論は、上告人の男性が自分の主張を補強するために持ち出しました。婚姻予約は無効であってこそ上告人に対して有利に働くはずでした。逆に、婚姻予約有効論は被上告人の女性に有利に働きこそすれ不利になることはありえないはずです。有効であるならば、予約を破った上告人の責任問題が浮上するからです。しかし、被上告人は婚姻予約有効論を前面に出して自分の主張を展開したのではありませんでした。結果として、請求原因一本化論という別の手続法的ルールのために、婚姻予約有効論が上告人を勝訴に導き被上告人を敗訴に追い込みました。裁判所は当事者のどちらからも頼まれていない論点に立ち入って判断し、そこから結論を導き出したのです。被上告人にとってみれば、寝耳に水のような判決だったのではないか、と想像されます。一体、婚姻予約有効論はこの事件の具体的事実関係との関連でどれだけの意義をもっていたのでしょうか？　いささか疑問です。

3　判決例の歴史と判例変更

　さて，大正4年の判決を転機にして，婚姻予約ということばに関連する似たような事件について似たような内容の判決が少なからず出されてきました。このような歴史的背景をふまえて，A男とB子の事件に関する判決があるのです。

　A男とB子の事案を扱った最高裁判所は，従来の判決例を通じて蓄積されてきた考えを修正する必要を認めていません。ですから，婚姻予約の成立要件を法律解釈を通じて精密にすることに専念できるのです。修正つまり**判例変更**が必要と思われるときには，大法廷が開かれます（裁判所法第10条）。このように，似たような事案について先に下された最高裁判所や大審院の判決は，それ以降の裁判所の判断を拘束する力をもつとされています。これは，判例と呼ばれています。

第3節　判　　例

　では，判例とは何でしょうか？　なぜ判例なるものが作られ，それが以後の裁判所の判断を拘束すると言われるのでしょうか？　また，そこでの拘束とは一体どのようなことなのでしょうか？　以下に判例が必要になる理由の若干をあげ，最後に判例の意味を説明します。

1　法律は専ら未来のことを考えるが，未来は不確実である

　抽象的な表現を用いるなら，法律は未来に向けて作られます。将来生ずるであろう人間活動や事件を想定して，それらをある程度普遍的・一般的に規律しようとします。一般的で抽象的なことばは，意味の不明確な部分をもっています。したがって，そのことばを個別具体的事件にあてはめるためには，裁判官がもう少し具体的で分かりやすいものに変えていかなくてはならない場合があります。また，法律が制定されて時がたてばたつほど，当初予想もしていなかった実にさまざまな事件が次々に起こってきます。人間の認識能力や想像力に

は限界がありますから、それらすべてをあらかじめ見通すことは不可能です。たとえば、誰が5年後の日本経済の様子を正確に予測できるでしょうか？ ですから、法律は時の経過と共に少しずつ穴やほころびが露わになったり、新たに生じたりします。この穴やほころびは、そのまま放置されてよいものではありません。できるかぎりきちんと埋めたり繕ったりする必要があります。そうしないと、法は虫食いだらけの不備なものになってしまうからです。では、誰がどのようにしてそれらを埋めたり繕ったりするのでしょうか？

　まずは、立法者つまり議員がきちんと法律改正をするべきです。主要な法律の中で、商法はかなり頻繁に改正される法律です。しかし、法律改正が多くの時間と労力を必要とすることは、あなたもよく知っていると思います。ある問題について議員や国民全体の意見がまとまらないとき、法律制定や改正は容易なことではありません。たとえば、選択的夫婦別姓を認める民法改正案は、2015年夏現在まだ日の目を見ておりません（民法第750条参照）。選挙をめぐる法改正も、議員や政党の利害に直接関わりますから、これまたすぐに意見の一致をみることはできません。また刑法は、明治時代に作られてから時々改正がなされた程度で根本的な改正は行われてきませんでした。たしかに、1995年の改正で平仮名まじりになって以降、コンピュータ犯罪などの新しい犯罪が追加されたり、全体として重罰化の傾向を示すなど、内容が変わっているところもあります。しかしそれでも、改正作業は決して簡単ではありません。共謀罪をめぐる動きなども参考にして下さい。日本国憲法に至っては、制定以来全く変更がありません。このように、穴やほころびを法律改正だけで埋めていくことは実際問題としてかなり困難です。

　そこで、裁判官が登場します。でもどのようにして穴埋めをするのでしょうか？ ルール論法に従うならば、大前提としての法的ルール・その解釈・事実認識・あてはめのいずれかまたは複数を操作することによってです。どのような操作で？ それは、ルール論法の説明の際に触れた内在的・外在的正当化の論点をもう一度洗い出すことによってです。後でまとめとして触れましょう。

2　裁判官に委任する

　ところで，法律の中には，その制定当初からことばの意味の明確化を裁判官にゆだねているものもあります。立法者は大枠だけを定め，その枠内でどのような中身を盛り込むかについては，最初から裁判官に任せているのです。

> ■　*課題12*：　不倫が一種の契約として結ばれるなら，それは民法第90条の「公序良俗」に反していますか？　マルキ・ド・サドの『悪徳の栄』は刑法第175条にいう「わいせつ文書」にあたるでしょうか？　最大判昭和44年10月15日（刑集23巻10号1239頁）を読んでみましょう。

　*課題12*に言う「公序良俗」にしても「わいせつ」にしても，典型例やそこから完全に外れるものの例を挙げることはさほど難しくないかもしれません。しかし，その意味内容を詳しく説明せよと求められるならば，答えはすぐには出てきません。社会の中で公の秩序であり善良の風俗であるものは，時代によって変わっていくでしょう。また，同世代でも人によって異なった「わいせつ」観を取り出すことができるでしょう。それにもかかわらず，結局個々の裁判官が事件を処理し法律を解釈するほかないとするならば，何が「公序良俗」であり何が「わいせつ」かは，裁判官の意見によって決められてしまいます。仮に複数の裁判官が関与するにせよ，事態は変わりません。立法者はそれでいいと思っているのでしょうか？

　少なくとも二つの事情があるでしょう。一つは，そうするしかないという認識です。「公序良俗」も「わいせつ」も，単なる事実認識ではなく価値判断を含んでいます。時代により人によりその内容を変える価値判断を，立法者が法律の中に固定させることは不可能です。裁判官と立法者との役割分担を否定することはできません。二つは，裁判官に一定の裁量の幅を許すのは，価値判断を伴う法的ことばが現実問題に柔軟に対処していくにはかえって不可欠であるという積極的評価もあるでしょう。裁判官にいわば健全な価値判断を期待するのです。

3　裁判官は自動包摂機械なのか？

　以上 **1** 〜 **2** の二点では，裁判官自身が新しい法的ルールを作り上げていく担い手であることを指摘しました。裁判官はかつて19世紀には，**自動包摂機械**であると考えられていました。今風に言えば，自動販売機です。一定額のコインを入れ（＝事件の事実関係を確認し），ボタンを押すと（＝法適用がなされると），自動的に缶コーヒーが出てくる（＝自動的に結論が出てくる），というわけです。人間を機械の比喩によって説明したり，国家を株式会社にみたてて解説したりする，比喩の用法の一例です。

　たしかに非常に簡単な刑事事件にあっては，このような比喩も当たっているかもしれません。しかし，事実関係が錯綜していたり適用すべき法律がすぐには見つからないなど，事件が複雑になればなるほど裁判官はただ単に機械的に事件を処理することができなくなります。そもそも民事事件などは，当事者間で解決できないほどに相互の主張や事実認識が入り乱れていたり，従来の裁判例では簡単に結論が出ないと思われるからこそ裁判になるのです。そこで，事実関係を見る視点を従来とは少し変えたり，法律解釈を操作する等の方策を講じる必要が出てきます。そうしないと，実際上甚だ不都合なものが論理的帰結として導き出されることがあるからです。このように裁判官は，実は密かに創造的な活動をしています。裁判官は，法を形成していく重要な主体なのです。とはいえ，だからといって似たような事件について裁判官が変わるたびに違った判決が出るというのでは困ります。というのも，そのような事態になれば，裁判所全体の統一性が失われ市民の側からの予測可能性が著しく低下するからです。

4　判　　例

　そこで，多くの裁判所の判断を統一する一つの手段として最高裁判所の判例が必要となります。高等裁判所や地方裁判所は事実上，判例に反する判断をすることが許されません。仮に判例にあえて反する判決を下そうとするならば，よほど説得力のある理由づけを考えなければなりません。このように判例は，

法の理解にとっても法の形成にとっても，事実上きわめて重要な役割を果たしています。先に裁判の類型について述べた際，経験的裁判というタイプを指摘しました。判例はまさにこの経験的裁判を支える法的ルールです。

　さて，それでは判例とは何でしょうか？　日本の裁判所は，実際にもめごとが発生しその解決が裁判所にゆだねられたときにだけ判断を下すことができます。そのような判断をするにあたり，重要な事実と関連づけられた，結論を導く中心的前提としての役割を果たす「ある程度」普遍的で一般的な法的ルールが判例と呼ばれています。したがって，判例は判決文そのものではありません。判決文の中に含まれる中心的な法的ルールのみが判例です。これとは別に，判決文には傍論と呼ばれる部分があります。典型的な傍論とは，結論を導くためには必要でないものの，裁判官が当該事件に関連して述べるなにがしかの意見です。しかし，実際に判決文を前にして一体何が中心となる法的ルールなのかを確定することは，判決文の読み方によって左右されます。決して単純な作業ではありません。これまで読んできた判決例からもすぐ分かるように，判決文は通常極めて理解しにくい文章からなっており，その論理を正確にたどっていくだけでも結構大変だからです。

5　判決文はどうして分かりにくい？

　ではなぜ，判決文はこんなに分かりにくいのでしょうか？　いくつかの理由を考えてみましょう。

5-a　判決文の伝統と法的ことば

　一つの理由として，判決文には権威づけが必要でありそのために少々取っつきにくくしておいた方がいいとの判断があるのではないか，とつい疑ってしまいます。

　こんな疑いが邪推であるとしても，二つには，判決文の伝統も影響しているでしょう。判決文とはこのようにして書くということを，裁判官は職務を通じてだんだんと覚えていきます。判決文の書き方の伝統をわがものとするので

す。そして判決文の伝統は，残念ながら理解しやすいような文章を練り上げてこなかったようです。特に古い判決文には，どこからどこまでが当事者の主張でありどこから裁判所の判断が示されているのか，一読しただけでは判然としないものがあります。もっとも，この点は最近の判決文ではずいぶん是正されてきました。

　第三に，法的ことばの特殊性を挙げるべきでしょう。法的ことばは日常のことばを基本にしていますが，必ずしも全く同じとは限りません。その使われる状況や目的が違うのです。

　「予約」ということばでも指摘したように，法的ことばは複数の法的ルールを束ねたものとして使われることがあります。しかし他方で，もめごとの法的処理を正当化する裁決のルールの一部としても使われています。いずれにしても，法的ことばは数多くの事件を解決できるようかなり抽象的にならざるをえません。そして，その抽象的なことばでは目の前の事件をうまくとらえきれないとき，もっと理解しやすい別のことばによっていいかえることが試みられます。「精神的ショック」を例にとって説明した【図6】（42頁）をも参照して下さい。

　そのときにはまず，抽象的ことばにまつわりつく典型的イメージがすぐに思い浮かぶでしょう。ただ，たいていの場合にはそれだけで問題が解決するわけではありません。そこで，そのことばが念頭に置いているであろう典型的イメージをかなり細分化し，イメージを成り立たせている一つ一つの要素を明確なことばによって表現し直そうとします。比喩的に言えば，この作業は一種の解剖です。イメージ全体を作り上げている部分を一つ一つピンセットでつまんで取り分けます。それぞれを適当なシャーレに保管して他のものと間違えないようにきちんと名前をつけ整理していくのです。裁判の結果は当事者にとってきわめて重大な実際上の効果をもたらします。数多くの批判にも耐えなければなりません。ですから，もめごとを適正に処理するためには，法的ことばをかなり厳格にかつ慎重に用いなければならないのです。法的ことばの解剖作業は，そのための有力な手段です。

これに対し，私たちのふだんの生活で使われることばはもっとあいまいで情緒的でいいのです。情報伝達についてもさほど正確を期す必要はありません。むしろ，ことば遊びや仕草のやりとりとも併せてお互いの意思の疎通を図ることこそが，ふだんの会話の目的でしょう。

　このように，何のためにことばが使われるのかという目的，ことばを使ってなされるコミュニケーションの目的や機能が，法的次元と日常生活次元では少なからず異なっているのです。法的ことばと日常のことばとを見比べるならば，同じことばに違う意味が含まれている場合があります。たとえば刑法第37条の「緊急避難」に対して，普通用いられる「緊急避難」はかなりルーズに使われているようにみえます。あるいは，全く新しいことばが作られたりします。たとえば，民法第465条の2以下の「貸金等根保証契約」を調べてみて下さい。法的ことばになじんでいない人が，いかにも抽象的で堅苦しくてややしく感じる法的ことばに違和感を抱くのも当然です。

　そして，抽象的な法的ことばの下にいくつかの法的ルールが集められ法独自の意味合いが生じると，それを他のことばにおきかえることがはなはだ面倒になります。これは，何も法的ことばに限ったことではありません。どこの世界でもその世界に属する人ならばすぐに理解できるけれども，部外者にいちいち説明するととても長い文が必要になり，かえって面倒になるような専門用語というものはあるものです。試みに，医学用語の一例を挙げましょう。平成14年1月30日　青森地方裁判所八戸支部　平成9年（ワ）第131号　損害賠償請求事件には，「不整脈に対する治療としては，高度房室ブロックが出現し，徐脈や血圧低下が認められる場合には，速やかに一時的ペーシングを行い，心室性期外収縮の頻発時には抗不整脈薬を使用し，心室性頻拍の持続時には電気的除細動も考慮される。」という一文があります。医師ならば，こんな文章は何の苦もなく理解できるでしょうが，素人は何度読んでもぼんやりとしか分からないでしょう。でもこの文章を素人にもわかりやすいようにいいかえるとなると大変です。難解な専門用語を至る所で素人に押しつける態度は避けるべきですが，すべての専門用語を日常の分かりやすいことばにおきかえるのがよいとは

限りません。

5-b　論理の省略

　裁判所の最重要課題は，当面の個別具体的事案を解決することですから，結論を示すときに必ずしも**すべての論理過程を明示する必要はありません**。読む人にとって当たり前のことを省略してもいいのです。それは，道徳的判断に際して，皆が受け入れている大前提や信用ある人が述べた事実関係が改めて議論の対象にならないのと同じです。頻繁に裁判にかけられるタイプの事件に対して常に適用される条文や，法律家ならば誰もが知っている判例の流れなどは，その例でしょう。したがって，裁判所が前提にしている読者層のレベルにまであなたがまだ達していないときには，たしかに判決文はきわめて難しいと感じられるでしょう。これは，今後の勉学で補ってもらうしかありません。

5-c　時間的制約

　裁判所の判決は一定の**時間的制約**の下にあります。あまりに長引く裁判は訴訟当事者にとってはなはだ迷惑です。そこで，論理展開を十分練らないままとにかく結論だけを出すことがあるかもしれません。あるいは，かなり一般的なことを主張する一方で，その詳細な検討をしないまま意図的に解釈の余地を残しておくことによって，後の裁判官や法律学者に判例探索作業をゆだねることもあります。

　判決文は論文ではありません。考えられるありとあらゆる可能性を想定し，それらすべてを処理できるような法的ルールを体系的に展開する必要はありません。そんなことをしようとすれば，膨大な時間と労力がかかるでしょう。その結果，未処理の事件が次から次へと裁判官の机の上にたまっていくことでしょう。体系構築は学者の役割です。学者から見て判決文が今ひとつ不明確であったりあいまいだと感じられるのは，この意味で当然です。

6　判決文を読むときの注意

　判決文を読んでその中心的意味を探り出すことは、文書を読む作業と基本的に同じです。たしかに文章が硬い上、捜し出されるべきは法的ルールを中心とした論理ですから、一見したところ面白くないかもしれません。しかし、その硬い表現の背後に当事者の悩みや葛藤などを読み取っていくことができるならば、そこには、小説を読むのに似た興味深い世界が広がっています。

　そこで、判決文の読み方について、少々抽象的ですがいくつか注意点を述べます。

　（ⅰ）　判決文は扱っている具体的事件との関わりで書かれています。論理もまた、当該事件を解決するという実践的課題を果たすために展開されています。何か抽象的な理論が述べられているとしても、それは必ず、この実践的課題解決に即したように理解されるべきです。

　判例もまた、具体的事案との関連で見つけられるべきだとよく言われます。しかし、この点は、若干の矛盾をはらんでいます。判例は当該事案だけには収まりきらないルールを提示しようとするからです。それだけに、事案の具体性とルールの一般性との間でどのように折り合いをつけていくかは、かなり困難な課題です。

　（ⅱ）　一つの判決文ではたいてい、複数の法的ルールが折り重なるようにして結論を導いています。それらの相互連関を意識してみて下さい。つまり、何が最も重要な法的ルールであり、何が別のルールを論理的あるいは現実的に前提しているのか、といったことを考えてみましょう。

　（ⅲ）　具体的事案を解決することができるルールは、必ずしも一つとは限りません。違ったルールを採用しながらも、同じ結論に達することもあります。ちょうど一つの目的を達成するために複数の手段が用意されている場合があるのと同じです。そうであるならば、当面の事案を解決するのに最適なルールばかりではなく、他の事案をも考慮に入れた上でさまざまなルールの可能性を考えると、判決文の読みが深まります。

　（ⅳ）　判決文に載せられている事実認定だけでは、本当にどのような事実が

あったのかは必ずしも明らかではありません。証拠の一つ一つが文章化されているのではないからです。私たちが判決文から読み取ることができるのは、裁判官が文章としてまとめた事実にすぎません。その意味で、訴訟当事者以外の人にとって事実認定は一種のブラックボックスです。

（ⅴ）判決文は、それ以前の判例の流れと比較することによって一層幅広い理解ができるようになります。判例はすでに歴史を作っているのです。

（ⅵ）最後に述べておくべきことは、裁判所が用いようとしている法的ルールは何よりも条文上の根拠をもっていなければならない、ということです。ですから、判決文が採用するルールと条文の文言とがどのような関係にあるのかを、特に意識しましょう。

なお、先に判決文を実際に読んでもらいましたが、そこで「判決要旨」としてまとめられていた部分がそのまま判例になるのでもありません。これはたしかに判例探索に重要な手がかりを与えてくれるとはいえ、あくまで判決文を編集した人の意見です。注意して下さい。

第4節　隠された前提の3：損害賠償額の算定

さて、判決文の文面では明らかにされていない前提をもう一つ指摘しましょう。損害賠償額を決定するにあたり、裁判所はいろいろな事実関係を指摘しています。しかし、一体なぜ10万円という額が出てくるのかについては、全く説明がありません。額の算定は、当事者にとって実際上最も重要です。したがって、ここでも法的ルールを中心にした厳格な理由づけが求められるならば、10万円という結論を導くために大前提が必要であるはずです。「かくかくしかじかの事実関係の場合には、この程度の損害賠償額が支払われるべきである。」しかし、そのようなルールはあらかじめ法律上明文化されにくいものです。現にそのような法律は存在しません。なぜでしょうか？　損害賠償額は、個別具体的状況に依存したり時代に応じて変わらざるをえないからです。どの程度の損害賠償額が適当かは、事実関係を詳細に検討したり、判決が積み重ねられる

ことによって明らかにされていくほかありません。ですから当面の判決文には，せいぜい「事実関係を総合的に判断して……」といった表現が見られるくらいです。

　A男とB子の事件にもう一度帰るならば，なぜ11万円ではないのか，どうして9万円でいけないのかは，論理だけからでは分かりません。「まあ，この程度がいいのではないか。」という判断も現実には大いにありうることです。すべてのことを論理で詰めることは必ずしもできません。ある程度の幅は，実際生活上許容範囲として認められているように思えます。

　ちなみに，交通事故の損害賠償額などは事例がたくさん蓄積されていますので，事故のタイプ別におおよその負担額が事実上決まっています。

第4章　判決文に対する外在的批判
——大前提としての法的ルール・その解釈・
事実認定の外在的理由づけ——

　道徳的判断の際，外在的理由づけが問題となる項目に触れ，いろいろな可能性を示唆しました。法的判断についても，大前提である法的ルール・その解釈・事実認定・あてはめの四つについて，争いの起こる可能性があります。以下では，それぞれにつき簡単に述べます。そのうち，あてはめの問題については道徳的判断のルール論法のところでかなり触れましたので，ここでは事実認定に関連させて論じるにとどめます。

　なお，既に述べたように法的ルールにも実にさまざまなタイプがありますが，以下では話を簡単にするため典型的法的ルール（67頁以下参照）を専ら念頭において，議論を進めたいと思います。

第 1 節　大前提としての法的ルール

　あるもめごとを法的に処理するとき，どのような法的ルールを大前提とするのが適切かについてはいろいろな議論を展開することができます。しかし，これまで述べてきたように，日本の裁判所は大前提としての法的ルールには憲法あるいは法律の条文をもってきます。なぜでしょうか？　政治責任を負えない裁判官が立法者に代わることはできないという議論は，先に紹介しました。裁判官は，立法府の作った憲法や法律を尊重する姿勢を示さなければなりません。それは，国民主権を尊重することでもあります。さもないと，立法府が一体何のために長い時間と労力を費やして憲法や法律を作るのか全くわけが分からなくなってしまいます。私たちもまた，法的解決を考えるならば，できるだ

け既存の条文と結びつけて法的ルールを探したり作りだしたりしなければなりません。憲法や法律があらかじめ存在していることを無視することはできないのです。

　もちろん，法律の不備を指摘し既存の法律から離れて議論をすることも不可能ではありません。しかし，ごくごく例外的な限界事例を除いて，説得力は弱くなります。この点で，法的思考や法的判断は一定の制約の下にあります。大前提として機能する法的ルールは，すでにあらかた与えられているのです。ですから，ここで外在的な理由づけを云々するときも，憲法や法律を改正するという意味での外在的批判が考えられているのではありません。憲法や法律が存在することを前提にした上で，さて既存の法的ルールの中でどのような法的ルールを大前提にもってくるのが適切なのかが問われるのです。国家体制に批判的な弁護士も，依頼人の弁護を引き受けるときには，既存の法的ルールとの結びつきを考えながら論陣を張るしかありません。

　これまでずっと見てきたように，裁判所はＡ男とＢ子の事件を婚姻予約上の債務不履行という形で処理しました。Ａ男とＢ子の間には「将来結婚しましょう。」という約束が成り立っており，Ａ男は正当な理由なくその約束を破ったことによってＢ子に損害を負わせたのだから，Ｂ子に損害を賠償すべきであるというわけです。しかし，Ａ男とＢ子のような事件はＡ男の契約法上の債務不履行責任を問うのではなく，むしろ不法行為責任を問題にする方がいいのではないかという疑問もあります。現に明治時代の判決がそう考えていたことは，すでに見てきました。では両者の間に一体どのような違いがあるのでしょうか？　結論として10万円がもらえるならばどちらでもいいではないか，という考え方もありますが，それでも結論をどのように理屈づけるかは重要です。

　これは，大前提として契約法上の債務不履行に基づく損害賠償責任（＝民法第415条）をもってくるか，それとも不法行為に基づく損害賠償責任（＝民法第709条，さらには同第710条）をもってくるかの違いです。それによって，事実は違って見えてきます。当然，法律解釈も違ってきます。これは，学者の暇潰しではあり

ません。どちらのとらえ方を取るかによって，同じ損害賠償責任でも法的効果が異なってくる場面があるのです。大前提である法的ルールは，裁決のルールとして構成要件だけではなく法的効果も含んでいるのですから，当然のことです。たとえば，時効の制約が違います（民法第166条以下の消滅時効に関する諸条文と，民法第724条を比較してみましょう）。あるいは，共同不法行為を理由にすることによって複数の被告を相手に訴訟を起こすことも可能になります（民法719条参照）。

■ *課題13：* 契約法上の権利を裁判所に訴えることのできる時効は何年ですか？これに対し，不法行為上の訴えの時効は何年ですか？ どうしてこのように訴えの時効の違いがあるのでしょうか？ その理由を考えてみましょう。

では，婚約が破棄されたことによって損害を被った人は，婚姻予約の成立を前提にして債務不履行責任を問う方がいいのでしょうか？ それとも不法行為責任を突きつける方がいいのでしょうか？ ひょっとして第三の道があるのかもしれませんが，この二つしか方法がないと仮定して話を進めてみましょう。判例は大正4年の判決で方針を転換し婚姻予約というとらえ方を法的に有効だと認めましたが，もしそうしなかったならばどうなっていたのかを想像してみます。おそらく，救済を求める事件が多数持ち込まれると，裁判所もそれらを無視することができなくなったでしょう。婚姻予約を認めないのですから，救済方法としては不法行為が残るだけです。裁判所は，民法第709条に述べてある「故意・過失によって他人の権利又は法律上保護される利益を侵害した……」という部分を，世間でいう婚約破棄の事例を処理できるよう，いろいろな工夫をこらしたに違いありません。

現に，大正4年の大審院の判決が出る前，同じ事件について下級裁判所はそのように試みていました。事実上の婚姻関係をご破算にしようとしたり婚約関係を破棄しようとする人に対して一定の歯止めをかけるため，破棄した側に故意や過失があることを比較的広く認定していたはずです。あるいは，破棄され

た側に何らかの故意や過失があることを立証するよう，破棄した側に厳しく求めたことでしょう。そうすることによって不法行為法がますます発展する一方で，婚約が当事者の約束事であるという視点はあまり表面に出ないままだったでしょう。原告は被告の故意や過失を何とかして証明したいと思い，証拠や証人を捜すでしょう。被告は被告で，原告の側に責任を負わせるため，原告にも故意・過失があることを証明しようとするでしょう。もっとも，両者の故意・過失は，ことばは同じでもその対象や内容の点で異なっています。裁判での戦術は，婚姻予約が認められる場合とはかなり異なった様相を呈したに違いありません。

　このように考えると，どんな法的ルールを大前提にもってくるかは，そうすることによってどのようなタイプの事案をどんな風にして解決するのがもっともふさわしいのかという，もっと大きな全体に関連した配慮に大きく左右されているように見えます。単に法的ルールの選択だけが問われているのではなく，法適用全体の中で法的ルールをどのように位置づけるかが問われるのです。そして，そのことは以下に述べる残りの外在的批判にもあてはまります。

第 2 節　法律解釈

　ここで，Ａ男の弁護人が何を争ったのかを振り返ってみましょう。一つは法律解釈についての一般論です。婚姻予約には公然性が必要だと主張しました。次に，「事実認定の過程に重要な経験則違反」があると論じます。事実認定ということばが使われているとはいえ，二点目の上告理由が言いたいことは，要するに「仮に百歩譲って原判決に従うとしてもそもそも婚姻の予約は成立していなかった。」ということです。そのための前提として，「真面目に」約束がなされたわけではなかったということを強調します。いくつかの事実を法的に重要な「真面目に」ということばにあてはめることができない，というのです。たしかにＡ男の弁護人は，「真面目に」ということばが法的ルールに含まれることばよりも更に具体性をおびているせいか，「事実認定の過程」とい

う表現を用いています。しかし、そこで問われているのは、「Ａ男が旅館の一室でＢ子にこう言った。」などという日常的ことばによる事実認定なのではありません。むしろその後の問題、つまり日常的ことばによって認定された事実が法的ことばにうまくあてはまるかどうかです。「真面目に」ということばはふだんの生活でも使われますが、ここでは婚姻予約成立の有無を左右する法的に重要な意思をも意味しています。なぜ、そのような戦術が取られたのでしょうか？

　理由の一つは、民事訴訟法上の規定に求めることができます。何について争うことができるかについての限定が、手続きに関する法的ルールとして決められているのです。民事訴訟法第312条（上告の理由）。［本件では、旧民事訴訟法を見て下さい。同第394条「上告ハ判決ニ憲法ノ解釈ノ誤アルコト其ノ他憲法ノ違背アルコト又ハ判決ニ影響ヲ及ボスコト明ナル法令ノ違背アルコトヲ理由トスルトキニ限リ之ヲ為スコトヲ得」。］

　そして第二に、民事訴訟法の規定はこれまで述べてきた理由づけの論理にかなってもいます。法令違背とは法令の解釈が間違っていることを意味しています。事件の法的処理を一つの全体として考えるならば、法令解釈も事実認定もそしてあてはめも相互に関連しています。事実認定を誤まってしまうと誤った法令が適用されてしまうのです。

1　法律解釈は必ず必要である──法的ことばの不明確さ・多義性・歴史的変遷──

　法律上のことばは常に解釈を必要とします。先に判例の説明をしたとき、法律は未来のことを一般的・抽象的に規定するからそのことばの意味も不明確な部分を含むようになり、その限りで解釈が避けられない、と述べました。更に、ことばは**多義的であり**、ことばの意味は歴史的に**変遷する**ということもつけ加えるべきでしょう。

　そもそもことば特に普通名詞は、意味の中心部分と周縁部分（＝半影部分）をもっています。比喩的に言えば、それは目玉焼きのようなものです。意味の中心部分にあたる黄身の部分と周縁部分にあたる白身の部分があるのです。黄身

の部分があるからこそ、将来の事案についてのかなり明確な予測が可能となります。逆に、白身の部分があるからこそ解釈の必要性が出てきます。法律上のことばは、黄身の部分をできるかぎりはっきりとさせ、白身の部分をできるだけ少なくするために、ふだん私たちが使っていることばより厳密に使われます。しかし、白身の部分つまり意味のあいまいな周縁部分を完全に取り除くことはできません。人工言語ほどの厳密さをもっていないのです。

2 法律解釈は何をめざすのか？

では、法律の解釈は何をめざしているのでしょうか？ これについては二つの代表的な考えがあります。一方では、立法者の意思の解明が追求されます（＝主観説）。他方では、法律それ自体の客観的な──もしそのようなものがあれば、の話です──意味を明らかにしようとします（＝客観説）。

両説については多くの学者が論じていますので、私もごく簡単に意見を述べます。この問題については婚姻予約の判例を振り返ることによって重要な示唆が得られるのではないか、と思います。明治時代の裁判官が立法者の意思を尊重し婚姻予約という考えを認めなかったのは、主観説に立っていたと言えます。ところが、似たような事件で女性たちが続々と裁判所に訴えを起こします。問題は、それらの訴えを婚姻予約無効論を理由として退けるだけでいいのかどうかです。時代の変遷と救済を求める女性の立場は、婚姻予約がだめなら不法行為を理由とする解決法を考えるよう法律家に求めました。では、そのときの不法行為についての解釈は主観説だったのでしょうか？ これはかなり疑問です。むしろ、不法行為法ができた当初の意味から少々離れてもその客観的な意味を明らかにしようとした、と言えるでしょう。

裁判所は、何はさておき訴訟当事者の要望に応え適切なもめごと処理を目指さなければなりません。したがって仮に主観説をとったとしても、もしそのことによって不適切な法的処理がそのまま放置され、救済されてしかるべき人が救済されないままに終わるならば、どこかで代替手段を見つける必要が出てきます。そしてその代替手段は、往々にして客観説によって初めて明らかにされ

ます。

　私が言いたいのは，一つの法的ルールの解釈だけを取りあげて主観説か客観説かを論じることはあまり意味がないのではないか，ということです。むしろもっと重要なのは，裁判所に持ち込まれる事件をどのように解決するかです。どのような利益や地位を法的救済に価すると見なすかということです。複数の法的ルールがそのための手段として考えられるならば，それらの法的ルールをどのように組み合わせ全体として適切に解釈するかが大切です。このように述べることは，法律解釈だけを問題として浮かび上がらせるというよりもむしろ，法的解決全体の中でどのように法律解釈を位置づけるのか，という観点を重視するということでもあります。つまり，大前提としての法的ルールの選択や事実認識更にはあてはめといった，最終結論を導くいくつかの前提と関連づけて法律解釈をとらえようとすることです。このように言えるならば，主観説か客観説かという二者択一は必ずも適切な問いかけではないのではないか，と思われます。

3　法律解釈を導く方法や基準とは？

　それでは，法律解釈にはどのような方法があるのでしょうか？　婚姻予約の成立要件について，裁判所のとった解釈とA男の弁護人のそれとどちらが説得力をもっているのかは，解釈方法によって決まるのでしょうか？　法律解釈方法についてはいろいろな分類がなされていますが，以下では **3**-a から **3**-e までの五つだけに触れます。

3-a　素直に解釈する

　私たちの日常生活で用いられることばが**通常もっている意味**や，特定の専門家集団の中で普通用いられる意味を，そのまま法律上のことばの意味に持ち込むことがあります。これは，最も素直な法律解釈です。文理解釈と呼ばれています。

　この解釈方法は一見単純そうに見えます。しかし，文理解釈は解釈の出発点

であるだけではなく,「文理解釈以外の解釈方法をとる必要はない」という意味合いを含む場合もあります。そのときには,決して単純とは言えません。

3-b　歴史的に立法者の意図を探る

　立法者が法制定当時どのような意味を法律上のことばに盛り込もうとしていたのかは,法律解釈の大きな手がかりです。法律立案者の解説や議会での審議内容等を歴史的に解明することによって,立法者の考えていたことばの意味や立法者の意図・目的を知ることができます。これまで繰り返して述べてきたように,日本民法は普通の意味での婚約について規定しておりません。なぜでしょうか？　その答え方の一つは,立法者の意思をいろいろな資料を通じて明らかにすることです。これは,歴史的解釈方法と言えます。

3-c　論理的・体系的に解釈する

　解釈されることばは,常に一定の文脈の中にあります。一つの条文の一要素として,一つの法律に含まれることばとして,法体系全体の中のことばとして,従来の判例で用いられてきたことばとして等々。それら複数の文脈の中で,特に,論理的・体系的文脈は重要です。ことばの解釈は,これらの文脈の中で論理的な整合性を保たなければなりません。たとえば,予約は売買のそれを典型例として成文化されています。婚姻予約にまでそれらの条文の効果を拡大するのが民法全体として論理的に整合的か否かが,問われるべきです。

3-d　判決がもたらす結果の具体的妥当性を追求する

　当事者にとっての具体的妥当性や実質的妥当性の追及という観点は,法適用全体の目標の一つです。しかしその一方で,解釈方法の一つとして考えることもできます。先に49頁で裁判の類型に関連させて,「カーディ裁判」というタイプに触れました。この解釈方法は,まさにこのカーディ裁判的要素を含んでいます。判決の及ぼす結果を考慮する解釈方法と言ってもいいでしょう。ただし,注意すべきことがあります。それは,法律解釈をする人の視線は必ずしも

当面の個別具体的な事案に関わる結果だけに向けられているのではない、ということです。解釈はいつも新しい法的ルールの創造をもたらしますから、当面の事案についてある解釈を取ったならば、似たような複数の事案についても同じような解釈を取ることが求められます。はたしてそれが適切かどうかということも、いつも考慮されています。つまり、具体的妥当性や実質的妥当性は常に同時にある程度一般化されて考えられてもいるのです。

3-e 法律の目的を考えて解釈する

　法律が人間の手によって作られたものであるならば、そこには常に一定の目的があるはずです。最近の法律には、一番最初に法律の目的を明記するものが増えました。たとえば、自動車損害賠償保証法第1条では「この法律は、自動車の運行によって人の生命又は身体が害された場合における損害賠償を保証する制度を確立することにより、被害者の保護を図り、併せて自動車運送の健全な発達に資することを目的とする。」と述べられています。被害者保護ならびに自動車運送の健全な発達という二つの目的が、明示されています。もっとも、明記されていない法律も多いのですから、あなたが法律の条文を読む際には、一体どのような理由に基づいて、そして何をめざしてその条文が制定されたのかを常に考えてみる必要があります。

　そうすると、法律解釈をする際に心に留めるべきことの一つは、**問題となっている法律の目的を実現するためには、どのような意味をそのことばに盛り込めばよいのかを考えること**です。それを目的論的解釈と呼びます。その際には、もし一定の解釈を取ったならば、将来それがどのような実際的帰結をもたらし、そのことによってどんな目的が実現されるのか、ということを考えなければなりません。併せて、起こりうる副次的効果についても想像しなければなりません。ルールについての功利論的論法がここで現れてきます。目的が複数あるときには、それら相互の関係についても考えなければならないでしょう。

　この方法は **3**-d と似ています。ただ **3**-d では、何が実質的に妥当なのかを決める評価基準が明示されていません。これに対して **3**-e では、立法者ので

あれいわゆる客観的なものであれ，とにかく法律の目的が評価基準になります。この点に **3**-d との大きな違いがあります。

■　*課題14*：　民法の目的とは何でしょうか？　婚姻に関する規定の目的とは何でしょうか？

4　解釈方法には優劣がある？

では，以上の解釈方法には優先順位がつけられるのでしょうか？　残念ながら，必ずしもそうとは言えません。一般的に言って法律解釈は，できるかぎりことばの普通の意味から離れないことを原則としつつ，一方で他の条文や判例との論理的・体系的整合性や目的適合性を保ちながら，他方で当面の具体的な事案を適切に解決できることが望ましいのです。しかし，更に考慮すべきことが三つあります。

一つは，**時代の変遷**です。法律ができあがってすぐのときには，たしかに文理解釈や歴史的解釈が優先するでしょう。しかし，時代がたってくると社会情勢も変わりますから，具体的妥当性追求や目的論的解釈の方が表に出てくるようになりがちです。

二つは，**法領域の違い**です。民法では，具体的妥当性追求や目的論的解釈が比較的強調されがちですが，刑法ではむしろ文理解釈，論理的・体系的解釈，そして歴史的解釈が優勢でしょう。少なくとも，公式にはそのように説明されます。なぜそうなのかについては，それぞれの法領域に特有の理由がありますが，本書でこれ以上触れる余裕はありません。

最後に，**事件の難易度**に応じて，求められる解釈方法が違ってくるということもあります。あまり争いのない典型的な事件では，文理解釈で十分です。しかし事件が複雑になればなるほど，条文を素直に読むだけでは足りず，目的論的解釈を前面に出さざるをえなくなる傾向があります。

本件の場合，高等裁判所や最高裁判所の判決は，従来の判例を踏襲して婚姻予約の有効性を認めた上で——その限りで条文解釈の枠をすでに超えている点に，注意してください。——，その成立要件として公然性を必要としないとい

う解釈をとりました。公然性が必要かどうかは、予約ということばの普通の意味からは直ちに決定できません。たしかに公然性をもっている婚約は、婚姻予約ということばの意味の中心部分に含まれます。しかし、だからといって公然性をもたない婚約が婚姻予約から全く外れるとは言えないでしょう。

歴史的解釈はどうでしょうか？　予約はそもそも売買を想定した規定でしたから、婚姻予約を認めること自体が、歴史的解釈の枠から外れています。また、歴史的立法者が婚約について意図的に条文を作らなかったことについては、すでに触れました。そうすると、論理的・体系的解釈もうまく使えないでしょう。結局、最高裁判所の解釈かそれとも弁護人のそれかを決定するのは、具体的妥当性追求かあるいは目的論的解釈のいずれか、はたまた双方を加味したやり方である、と言えそうです。どちらにしても、婚約や婚姻をめぐる現実をふまえないと適切な解釈はできません。

ところで、さまざまな解釈方法を試しながらいくつかの解釈案を検討するときに、複数の解釈案が同じ程度の説得力をもっていると思われることがあります。それらのうちどの解釈案をとっても同じ結論に達するならば、理由づけの仕方は当面の事件処理にとって実際上さほど重要ではないかもしれません。これに対し、解釈の違いが結論に決定的影響を及ぼすときにはそうはいきません。私たちは最終的にいずれかの解釈案を選ばなければなりません。その選択をうながすのは、もはや論理ではなく、むしろ解釈をする人の一種の決断ということになるでしょう。いろいろ考えられる解釈案のうち「これこそが一番良い法律解釈だ！」とする価値判断です。この点は強調されるべきです。とはいえ私が望むのは、その決断にいたるまでの思考過程をできるだけ論理の土俵に乗せてほしいということです。**決断をそのまま表に出すのではなく、法的ことばを用いてルールによる理由づけの形を整えてほしいのです。**道徳的判断について説明した際、情に訴える論法ではなく、誰もが議論に参加できるような論理を信頼して道徳的判断を正当化してほしい、と力説しました（8-10頁）。このことは、法的判断の場合にはなおさらあてはまります。

第3節　事実認定

1　法的事実を作りあげる——対象を法的ことばにあてはめる——

　道徳的判断に関連づけてルール論法を論じた際に，事実認定にも触れました。そのときと同じ説明が法的思考にもあてはまりますが，事実認識一般と比較すると，法的な事実認定は少々複雑です。まずは通常の事実認識の成り立ちを，最初に私たちが受ける感覚的印象とそれらをまとめ上げることばとの関連で説明しましょう。事実を認識するとは，ふだんの生活の中で重要で意味があると思われる何ものかを一定のまとまりをもったものとして浮かび上がらせ，それにことばを与えることです。「B子がA男に手紙を書いた。」といった具合です。私たちはふつう，B子が紙を取り出してその上にペンを走らせている一連の動作をさして，「手紙を書いている。」と表現します。

　ここでは，紙の大きさとか色とか，何かを取り出すときの一連の動作とか，ペンの長さといったまるで裸の感覚与件が無秩序に広がっているのではありません。感覚の次元でも何かがひとまとまりになっていると感じられるものです。それを対象と呼んでみましょう。万年筆であれ紙であれ，それらを見たことのない人や物忘れがひどくなった人がそれでもその対象を誰かに伝えたいと思うならば，「あれ」とか「これ」とか指さしたり「何かの束」とか「何かを書くときに使うあの棒状の物」といった説明をするでしょう。たしかに，それだけでもすでにことばを使ったコミュニケーションがなされています。けれども，もっと手短かにそれらを便せんと呼び万年筆と表現するのが普通です。そう言われて初めて，聞いている人はすぐにその人の言いたいことを突き止めたり，実際に便せんや万年筆を取ってくることができます。絵を描いているのではなくまさに手紙を書いているという表現も，便せんとか万年筆というまとまりをその要素に含みつつ一連の動作に別のまとまりと意味を与えようとしています。物へ名前を与えるのではなく，動作に対して名前を付与するという限りで違いがあるだけです。両者共に，名をつけることによって社会生活上重要な

事実が浮かび上がってきます。これはつまり，何かまとまりをもっていると感じられる対象を社会生活上使っていることばにあてはめるという作業です。命名はあてはめの別名です。そして，どのような名前をつけるかは，それによって人々がどのような社会的行為を重要と見なすかによります。紙も万年筆も手紙を書くということも，私たちの社会生活上他のものや動作とは違う重要性をもっているのです。

　では，紙とか万年筆といった単語が社会生活でもつ一般的重要性とは別に，「B子がA男に手紙を書いた。」と述べることの重要性についてはどうでしょうか？　おそらく，「A男は長い間音信不通だったけれどもやっと住所が見つかった。だからB子は手紙を書いたのだろう。彼女の想いを想像すると胸が痛む。」といった感情移入があったり，「今日一日のできごとをA男に知らせることが，彼女にとって一番楽しい時間だったのだ。」といった同情が働くでしょう。それがB子という人間を理解する上で欠くことができないとき，あるいは「　」内で紹介したような想像をA男に伝えることによって彼を非難したいようなとき，B子がA男に手紙を書いたという事実は重要なのです。しかし，B子にもA男にも何の関係もない人からすれば，この事実はさほど意味をもちません。つまり，A男とB子とのもめごとという枠組みの中で，しかもそのもめごと処理の前提としてA男とB子の関係を理解しようとするときに初めて「B子がA男に手紙を書いた。」という事実が重要になるのです。対象にことばが与えられるだけでは，まだ事実の「認識」や「認定」がなされているのではありません。ことばを与えられた事実相互の連関性が何らかの観点から意味づけられ何らかの文脈の中に置かれたとき，そのときにやっと事実認識や事実認定がなされたということになります。

　まとめると，こうなります。最初に与えられる裸の感覚与件は，たいていの場合すでに，漠然としてはいるけれども何らかのまとまりをもった対象として，現れてきます。「あれ」とか「これ」といった表現で，それらは示されます。それが日常生活の中で個別の重要な事実として名前を与えられ，次いで一定の文脈の中での「重要な事実」へと変化します。更に，法的な視点が加味さ

【図8】

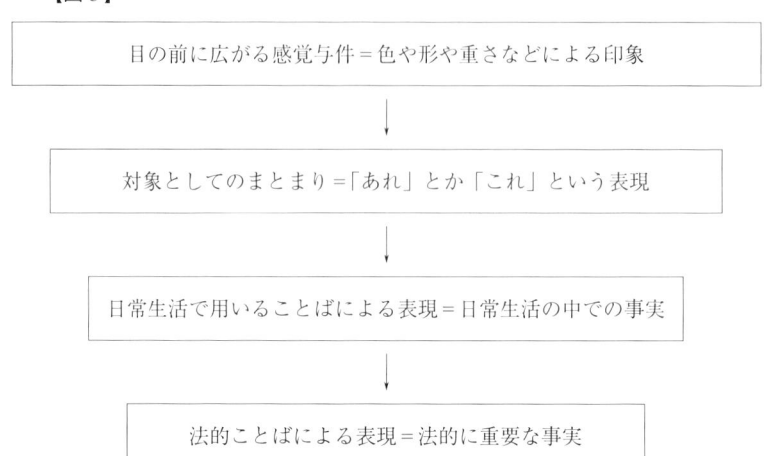

```
┌─────────────────────────────────────────────────┐
│ 目の前に広がる感覚与件＝色や形や重さなどによる印象 │
└─────────────────────────────────────────────────┘
                        ↓
┌─────────────────────────────────────────────────┐
│ 対象としてのまとまり＝「あれ」とか「これ」という表現 │
└─────────────────────────────────────────────────┘
                        ↓
┌─────────────────────────────────────────────────┐
│ 日常生活で用いることばによる表現＝日常生活の中での事実 │
└─────────────────────────────────────────────────┘
                        ↓
┌─────────────────────────────────────────────────┐
│ 法的ことばによる表現＝法的に重要な事実 │
└─────────────────────────────────────────────────┘
```

れることによって，それらは「法的に重要な事実」へと変身していきます。そのような過程を通じて行われていることは，目の前のさまざまなできごとを法的ことばにあてはめていく作業です。法的ことばにあてはめられることによって，日常生活上の事実は法的事実になるのです。

　以上述べたことを，【図8】に図示してみましょう。

　事実認定についてもう一つ別の視点を指摘しましょう。それは，時間の経過という問題です。A男の弁護人の上告理由を例にとってみます。上告理由第二点目は，A男とB子との間に婚約の成立を認めることができない，という主張に終始します。焦点は，A男のことばや態度がB子との間で「真面目に」婚約を交わしたとは言えない，というところにあります。ここで注意したいのは，論拠として列挙されているいくつかの事実に含まれるのは，高校卒業後B子と一緒に旅館に行ったまさにそのときのA男の心理状態ばかりではない，ということです。加えて，その後のA男の行為も含まれています。婚約時点での心理的事実を認定する——あるいは，「真面目に」ということばにあてはめる——ために，その後の多くの行為を引き合いに出して後からさかのぼるような形で議論が展開されています。これを上告代理人の過ちと評価するのは適

切ではないでしょう。ある時点での当事者の心中が本人でさえのぞきこむことができないならば，その後の行為を観察することからさかのぼってその時点での心理状態を確定することも一つのやり方だと思います。事実は特定の時間で区切られてしまうのではなく，更に継続していく時間的経過の中で徐々に明らかになっていくという側面ももっています。

　さて，事実認定に関連して更に，**挙証責任**（あるいは**立証責任**）と**場合分け**，そして**裁判という状況の中での事実認識の特殊性**の三つに触れておきましょう。

2　挙証責任を分配する

　あなたが裁判官であり，ある事件を担当したと仮定してみます。当事者双方は自分に有利な事実を懸命に主張するでしょう。ところが，いくら当事者の主張に耳を傾けても「なるほどたしかに本当の事実だ。」という確信をどうしてももてない場合がありえます。そのときあなたは，当事者の一方に対し「あなたの主張する事実が『本当の事実』であることを私に納得させてほしい。」と要求することができます。これを，挙証責任（あるいは立証責任）の分配と呼びましょう。挙証責任は，場面場面に応じて当事者双方に分配されます。その責任を果たせなければ，彼（女）の主張する事実は「本当の事実」ではないと見なされることになります。したがって，結論は彼（女）に不利になります。この挙証責任の分配は，実際の裁判ではきわめて重要です。

　これまで主に扱ってきたのは A 男と B 子の民事事件ですが，刑事事件でも挙証責任の分配は非常に大きな意義をもちます。たとえば，刑事事件で被告人が有罪であることを立証する責任は，検察官が負います。被告人には，自分が無罪であることを立証する責任はありません。また，よくテレビの刑事物で，犯人の疑いをかけられた人が「私はやっていない！」と叫ぶと，担当の刑事が「それじゃお前がやっていないことを証明してみろ！」といったせりふを吐くことがあります。これは全くの誤りです。疑いをかける人の方が，なぜ疑いをかけるのかを立証しなければなりません。

　では，この挙証責任の分配は何によって決められるのでしょうか？　法律の

基本的考えから導き出されたり法律の条文ごとに決まっている場合もあれば，法律解釈によって初めて明らかにされることもあります。そしてそれぞれに，挙証責任の分配に関する理由があります。民事訴訟法や刑事訴訟法で学んで下さい。

3 場合分けをしよう

ところであなたが序章の問題を解こうとしたときに，そこでの説明だけでは結論が出ないと思いませんでしたか？ そこで，**もし事実がかくかくしかじかであったならば，適用されるべき大前提はこういう法的ルールなのだからこういう結論が出るが，もし事実がそれとは違うならば大前提や結論も違ってくる**，ということを頭の中でいろいろと考えてみることが大切です。これを**場合分け**と呼んでみましょう。

これは何も法的思考に限定されません。政治的判断や道徳的判断でも同じです。重要な事実が確定されているならば，結論は比較的簡単に出てきます。困難なのはむしろ，本当の重要な事実をまさしく「本当の」事実として確定することです。実際，現実の出来事には何が事実なのかよく分からないことが少なからずあります。場合分けを頭の中であれこれと考えることは，事実を明らかにする方策の一つでもあります。たしかに，場合分けには豊富な経験と知識と想像力が必要です。けれども，論理的・経験的可能性を図や表にしてみると全体が見えやすくなり，思ったより簡単にいろいろな場合分けを考えることができます。

4 裁判での事実認定

裁判での事実認定は，かなり特殊な色合いをもっています。それは，研究者が試験管内で生じる事実の変化を観察するのとは違っています。あるいは，朝起きて空を見上げて今日のお天気を占うこととも違っています。その特徴はすべて，裁判という特殊な場所に由来します。では，裁判での事実認定はどのような特徴があるのでしょうか？ さしあたり次の四つを挙げておきます。

4-a 裁判の当事者は互いに争っている

これまでは，もめごとを解決する裁判官の目から法的思考について説明してきました。ここで少し視点を変えて，裁判の当事者に焦点を合わせてみましょう。そうするとそこでは，主張を異にする当事者双方が自らの主張の正しさを争っています。主張を裏づけるために，双方が自分たちに有利な事実を出し合うのです。自分に不利な証拠物件や証人は，できるだけ出さないでしょう。裁判の場で当事者は必ずしも真理の発見をめざすのではありません。当事者はむしろ，裁判というゲームに勝とうとします。「法廷闘争」ということばもあるくらいです。そのためにどのような作戦を用いるかは，ゲームのルールに反しない限りで許されています。本書で私は，批判を通じて当事者双方がお互いの意見を深め従来の狭い枠から脱することを強調してきました。しかし，その理念は裁判の場で当事者である限り必ずしも実現できません。当事者の意見や認識は，自らの利害から無縁ではありえないからです。

これに対し裁判官は，当事者の利害から離れたところで冷静に事実を認定することができますし，そうするべきです。しかし，裁判が当事者のイニシャティブによって進められるべきであるという基本的考えの上に進行するならば，裁判官が介入する余地は幾分狭くなるでしょう。その限りで，原則として当事者主導の事実のみが裁判の場では表面に出てきます。

4-b 一定の時間内で問題を処理しなければならない

次いで，一定の時間的制約のもとで事実が認定されるという事情が加わります。訴訟は永遠の作業ではありません。どこかで議論をうち切って，解決策が提示されなければなりません。私たちは，もめごとを永遠に抱えているわけにはいかないからです。およそすべての実際的な問題については，決断の時期が限られています。そうすると，後になって初めて明らかになったような事実が訴訟の途中では隠されたままに終わるという可能性も否定できません。はなはだしい場合には，有罪判決が確定した後で真犯人が名乗り出ることもあります（いわゆる弘前事件の再審無罪判決を読んでみましょう。仙台高等裁判所判決昭和52年

2月15日『高等裁判所刑事判例集』30巻1号28頁以下)。

4-c　法的責任を問いかけることができるような事実を認定する

　以上に加え，法的に納得のいく解決を求めて事実が認定されるという事情も忘れてはなりません。純粋に事実それ自体が認識されるわけではありません。経験的な因果関係が探求されるのでもありません。むしろ，認識された事実が当事者の誰に対してどのような法的責任を問いかけることができるのか，という視点に立った事実認定が重要です。法的に意味があるというのはそういうことです。ただ，道徳的思考のときに触れたのと同じように，ここでも私たちは神様の目をもつことはできません。さまざまな証拠を総合的に判断してかなり高い確率で因果関係を認めることができるならばそれでよし，とするほかありません。

4-d　対象は無意識の色眼鏡によって歪められる可能性がある

　もし人間の目から離れた対象そのものが存在すると仮定するならば，それは人間によって歪められる危険に絶えずさらされています。できる限り公平で客観的であろうとする裁判官でさえ，人間である限り無意識の偏見や情緒や価値判断から完全に自由ではありえません。私たちは，他人を皮膚の色や顔の美醜や髪の毛や服装，あるいは語ることばや職業や出身国などによって，知らず知らず違った目で見ていないでしょうか？

　加えて裁判の場では，どのような法的ルールが採用されるべきか，どのような解釈をするべきなのか，いかなる結論を出すべきか，等が問われます。そうすると，これらの問いに対する答えが先取りされることによって事実認定が歪められる可能性があります。答えにうまく適合するような側面だけが目に入ってくる危険性です。

　客観的事実認識なるものは，容易なことではありません。ましてや裁判という場での事実は，上に述べたような多くの制約の中にあるということによってすでにいくぶん歪められています。事実はそれを認定する人によって多かれ少

なかれ作られている、と言っても過言ではありません。

　では、どのようにすればこの危険から逃れることができるのでしょうか？そもそも逃れることなどできるのでしょうか？　完全に逃れることはできないとしても、できるだけ逃れるための方策はあります。一つは、裁判という場では、一方の当事者にとって有利な事実が証明されそうになると他方の当事者からその事実をくつがえそうとする努力が払われるということです。双方が自分に有利な事実を「本当の事実」であると裁判官に信じこませようする結果、双方の利害を超えた「本当の事実」の姿が次第次第に浮かび上がってくることが期待されます。いささか楽観的ですが、これは立証責任の分配問題と絡みます。

　二つは、少々古めかしい表現ですが、「事実をして語らしめる」という態度です。人がいくら歪めようとしても、事実相互の連関からしてどうしても歪めることのできない事実が一定程度存在します。事実は人によって一から十まで完全に作られるのではありません。少しでも無理があるならば、今度は自分の中に偏見がないかどうかを疑った方がいいでしょう。比喩的表現ですが、「事実の語ること」に耳を傾ける努力は必要です。

第4節　法解釈学

　さて、法律解釈や事実認定は裁判官だけの専売特許ではありません。法律家と呼ばれる人たちはすべてこのような作業に携わっています。法律家は主に法解釈学と呼ばれる学問を学び、それを発展させます。本書ではこれまで、もう少し広い意味で法律学ということばを使ってきました。以下では、法解釈学だけに限定して話を進めましょう。これが一体いかなる性質をもつ学問であるかは、結構複雑な問題を伴っています。ここでは、次の点だけを指摘しておきます。

1 「今・ここ」で通用している法を確定する

　本書では，ルール論法を前提とするとき，結論を理由づける項目として，大前提としての法的ルールとその解釈，事実認識とあてはめがあることを指摘してきました。同時に，これらの一つを外在的に批判する際には，その他の項目との相互連関を全体して視野の中に収めなければならないことに注意をうながしました（116頁参照）。同じように法解釈学も，名前からすぐ連想されるのとは違って，法的ルールの解釈だけに従事するのではありません。もっと幅広く法全体に目を配ります。法解釈学はまず，今ここで通用している法とは何かを確定しようとします。本書ではこれまで三種類の法について触れてきました。一つは，いうまでもなく制定法です。これが法の典型です。しかし第二に，判例もまた法の一部です。さらには一連の婚姻予約の事案でも分かったように，その地方ごとに住民の大部分によって守られている慣習的ルールも，ある意味では法と呼んでさしつかえないでしょう。

　そこで法解釈学は，まず何が制定法なのかをできるだけ論理整合的で体系的にとらえようとします。たくさんの法律の間には矛盾がないとも限りません。できる限り矛盾の無いように法律相互の論理的・価値的連関性を整理するのは，法解釈学者の大きな役割の一つです。学者は時に，法律の条文からうかがうことのできる法律全体の目的を確定しようとします。たとえば，婚姻制度の目的とは何かという問いに答えを与えようとします。そこから，婚姻に関する条文相互の論理的・価値的連関性を整理します。そのようにして，場合によっては，成文法に明示されていない法的ルールの存在を示すこともあります。現に，「婚姻予約をした当事者は正当な事由がなければその約束を破ってはいけない。」などというルールは，どの条文にも書かれていません。学者が提案する法的ルールは，ルール相互の連関がきれいに組み立てられているばかりか，その適用によって現実の複雑な事件がうまく処理されることによって説得力を増します。

　第二に，判例について触れましょう。裁判官は，判決文を書く中で制定法の段階ではまだ明確ではなかった法の姿をいっそう明らかにしたり，制定法が規

定し忘れたことがらについて新しい法的ルールを提示したりします。ところが、この判例もまた必ずしもきちんとした法的ルールの形をとっているとは限りません。たとえば、前に触れた大正4年の判決文を思い出して下さい。あの判決での婚姻予約有効の判断は、本当に結論を導くにあたって必要不可欠な法的ルールを示した、と言えるのでしょうか？　結論を直接根拠づけたのは、請求原因一本化論でした。たしかに、請求原因一本化論だけから結論を導くことはできません。婚姻予約有効論が加わらなければ、上告人勝訴にはなりません。とはいえ、婚姻予約有効論だけでも被上告人敗訴にはなりません。原告（＝被上告人）は婚姻予約有効論を理由にすることもできるし、不法行為責任を追求してもかまわないではないか、とも言えそうだからです。とすれば、婚姻予約有効論は少なくともあの判決では、請求原因一本化論と一体化してとらえられて初めて判例なのではないでしょうか？　それを請求原因一本化論から切り離して婚姻予約有効論だけを強調するのは、少々不正確ではないでしょうか？　もしそうなら、一体誰がそのようなことをしたのでしょうか？

　法解釈学者以外にいません。法解釈学者が判決文の流れを整理整頓することによって、何が判例であるかを確定しているのです。このように法解釈学者は立法者や裁判官に取って代わることはできないものの、彼らとの共同作業を通じて、今ここで通用している法を明らかにしようとします。

　最後に、それぞれの地方の慣習というものがあり、それが裁判例を理解したり実際の判断を下したりするのに必要不可欠であると思われるときには、慣習を丹念に調べるという作業を法解釈学が担うこともあります。大正4年の判決でも、上告人がなぜ被上告人との事実上の婚姻を法律上のそれにまで発展させなかったのかと言えば、そこには事件の発生した地方での慣習が大きく関わっていたようです。

　なお、今ここで通用している法を確定するにあたっては、今ではない過去の法とかここでの法ではない外国法を研究することがきわめて有益です。法史学や比較法学は法解釈学にとって不可欠です。

2 法解釈学は何のため？

では，このような法解釈学はいったい何のためにあるのでしょうか？　学者個人の名前を冠した体系構築のためでしょうか？　たしかに，学者独自の体系は魅力的です。とはいえ，法解釈学の中心は，何よりも個別具体的なもめごとを解決するという実践的な課題から出発しそこに帰っていくということも忘れてはなりません。医師の比喩を使うことが許されるなら，病院に勤める臨床医のように，実践的問題を解決する任務を果たすためにこそ法解釈学は求められるのです。重要なのは，体系の美学ではなく，社会の中で実際に不当な苦難にあえいでいる人への公平で正義観念に合致した具体的救済です。あなたがこれから学ぶ法解釈学は，いわば**社会の臨床医**になるための予備知識を体系的に教えてくれるのだととらえて下さい。

ただ，社会の臨床医になるためには結構長い期間勉学に励まなくてはなりません。というのも，特に法律解釈の作業はかなり複雑であり，その技術の習得には多くの時間と労力を要するからです。その結果ややもすると，法解釈学は一種の秘教に近くなるおそれがあります。素人には理解しがたいようなことばや理屈が使われ，法は日常生活から段々離れていってしまいます。法解釈学を一所懸命勉強した人はたいてい一度はそのような傾向に陥ります。しかし，それは間違っています。あなたには，難しい法的技術を深く学んだ後で，もう一度誰にでも理解できるやさしい表現を用いて結論を理由づけることができるようになってほしいと願っています。日常生活からかけ離れた法の世界が秘境にあるのではなく，日常のささいなでき事をさまざまな角度から深く検討していくことを通じて，法は作られていくのです。

法解釈学の勉強は，条文や判例を暗記することではありません！　**理解**することです。理解することとは，条文や判例に見られる法的ルールをふだんの生活で目にする卑近なできごとにうまく**適用**することです。これは何も法に限ったことではありません。およそ，ことばの理解全般に言えることです。たとえば，A男とB子の事件では，根本的に男女間の愛情が問われています。愛情ということばを理解することとは，個別具体的な状況に愛情ということばを適

用することです。このように自ら個別具体的な状況の中で愛情を生きられてこそ，愛情ということばを理解していると言えるでしょう。

3 法律構成を整理し提案する

さて法解釈学者は，今ここで通用している法の姿をできる限り論理的・価値的に矛盾の無いような形で整理することによって，同時に，個別もしくは類似のもめごとを法的にどのように捉えるべきかについて提案を試みます。かくかくしかじかの事件については，このような解釈をされたこの法的ルールを大前提にもってきて，典型的にはこのような事実にあてはめ，こういった結論に至るべきだ，と主張するのです。大前提だけ，解釈だけ，あてはめだけ，事実認識だけを問題にするのではありません。それらを全体として関連づけながら，個別もしくは類似のもめごとの法的整理方法を提案します。この法的整理方法を**法律構成**と呼びます。できるだけ明確なことばと論理を矛盾がないようにつなぎ合わせながら，事実関係に対する十分な洞察に基づいて，人々の正義感に合致するような解決策を提示するのです。結論だけが重要なのではありません。むしろ，結論に至るまでに法的ルールを中心にしてどんな前提が必要であり，それらが相互にどのような関連性をもつかを明確に示すことが，もっと重要なのです。

学者は法律構成を練り上げることによって，**個々の判決や判例を批判する一方で，裁判官に対して判決の適切な理由づけを提案**しようとします。もめごとの法的処理は，当事者の情や裁判官の勘といったものに左右されながらも，可能な限り明確なことばをつなぎ合わせていくという法的土俵の上で展開されるべきなのです。

第5章 ま と め

第1節 法的議論では何が重要な論点か？

　以上，法律については何も知らない素人としていきなりA男とB子の事件について考えてもらうことから，実際の判決文を読むことを通じて法的思考の一端に触れることができたのではないかと思います。そこで，今まで長々と述べてきたことを，道徳的判断の三段論法の図式にならって次頁に少し単純化して図示してみましょう【図9参照】。実際の法廷で用いられる論争技術について説明する力は私にはありませんが，本図を参考にしながら次のようなことに注意すれば，法的議論も幾分円滑に進むのではないかと思います。

1　論理展開を首尾一貫させよう

　これは，内的正当化と呼んできたものです。一つの主張と別の主張とが論理的に矛盾するようではすぐにその論理は破綻します。この首尾一貫性は，ある程度の時間的幅をもった行為にもあてはまります。たとえば，ある場合に自分の利益を擁護するために用いた論理を，別の場面で同じく自分の利益を守るためにすぐさま放棄するような姿勢は，信用をなくします。論理的首尾一貫性を実践することは，自らの利益への執着と衝突することがあります。そして，利益保護ばかりを追求するならば，主張者の人柄への不信が芽生えやがてはその論理への信頼が無くなります。ルールは利己主義や利他主義に反すると先に述べましたが，ときには自らの利害に反してでも論理的首尾一貫性を保つことによって初めて，その人が公平な人であるとの信用が生まれます。

【図9】

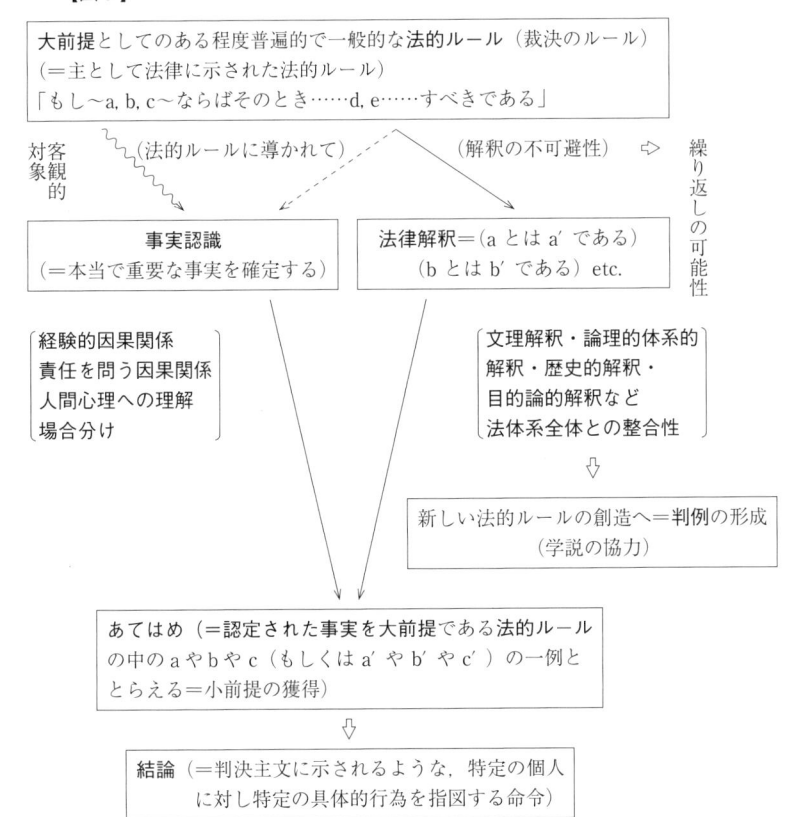

```
┌─────────────────────────────────────────────────┐
│ 大前提としてのある程度普遍的で一般的な法的ルール（裁決のルール） │
│ （＝主として法律に示された法的ルール）                    │
│ 「もし～a, b, c～ならばそのとき……d, e……すべきである」     │
└─────────────────────────────────────────────────┘
      │(法的ルールに導かれて)    (解釈の不可避性)    ⇨ 繰
  対客    ↓              ↘                    り
  象観                                       返
  的的                                       し
      ┌──────────────────┐  ┌──────────────────────┐  の
      │    事実認識        │  │ 法律解釈＝(a とは a′ である) │  可
      │ （＝本当で重要な     │  │      (b とは b′ である) etc. │  能
      │   事実を確定する）   │  │                      │  性
      └──────────────────┘  └──────────────────────┘
┌─────────────┐            ┌──────────────────┐
│ 経験的因果関係  │            │ 文理解釈・論理的体系的 │
│ 責任を問う因果関係│            │ 解釈・歴史的解釈・  │
│ 人間心理への理解 │            │ 目的論的解釈など   │
│ 場合分け      │            │ 法体系全体との整合性 │
└─────────────┘            └──────────────────┘
                                    ⇩
                          ┌────────────────────────┐
                          │ 新しい法的ルールの創造へ＝判例の形成 │
                          │        （学説の協力）          │
                          └────────────────────────┘
      ↓
┌─────────────────────────────────────────────────┐
│ あてはめ（＝認定された事実を大前提である法的ルール         │
│ の中の a や b や c（もしくは a′ や b′ や c′）の一例と    │
│ とらえる＝小前提の獲得）                               │
└─────────────────────────────────────────────────┘
                      ⇩
      ┌──────────────────────────────────────┐
      │ 結論（＝判決主文に示されるような，特定の個人  │
      │   に対し特定の具体的行為を指図する命令）     │
      └──────────────────────────────────────┘
```

2　大前提としての法的ルールの選択に疑問を投げかける

　これは，法律構成の中核部分を変更するということです。あるいは後述の事実認識との関連で，当面の事案を例外的に扱うことによって，大前提である法的ルールの適用を排除する方策もあります。

　法的ルールの選択に疑問を投げかけるときには，次のようなことを考えてみましょう。

　① その法的ルールはどんな**目的**の実現をめざしているのだろう？
　② その法的ルールが適用されると一体どのような**実際的効果**が生じるのだ

ろう？
③ その法的ルールはどのような**基本的な考え**を前提にしているのだろう？ どんな価値観と一致するのだろう？ 他の法的ルールとどんな論理的・価値的連関性をもつのだろう？
④ 以上のようなことを考慮した上で，それとは**違う法的**ルールとしてどのようなものが考えられるだろう？

3 事実認識に疑問をなげかける

事実認識については多くの問題がありますが，以下では道徳的判断の際に述べた注意を法的議論にも応用できるとの前提の下にまとめてみましょう。

① その事実は本当なのか？
② 本当のことであるということを証明する証人や証拠は適切なのか？
③ その事実は重要なのか？ 重要と見なすためにどのような法的ルールを考えればいいのか？
④ それらがすべてクリアーされて事実が本当で重要であるということが証明されたとしても，なお，当事者に法的責任を問うことのできるほどに行為と結果との因果関係が証明されているのか？
⑤ 問題にされている事柄は，事実の問題ではなく評価や価値判断の問題ではないのか？
⑥ 当面の事実は，これまでの判例で積み重ねられてきた事実とは決定的に異なった事実として把握されるべきではないのか？
⑦ 場合分けをして事実認識のさまざまな可能性を探ってみる。
⑧ 無意識の偏見等によって事実認識がゆがめられていないかどうか，自分の見方を冷静に反省してみる。

4 あてはめを争う

① あることばが典型的に想定しているイメージや像と目の前の事案とはか

なりかけ離れていて，当面の事案をあることばにあてはめることがためらわれないかどうか。
② 程度問題や価値判断をふくむことばについて，どのようなあてはめが可能か？

5 法解釈を争う

解釈の方法をそれぞれに問いかける。
① ことばの通常の意味からして不自然さはないか？
② 法全体の論理的・価値的体系性からして無理はないか？
③ 歴史的立法者の立法意思に反しないか？
④ 立法者のであれ，法律自体のであれ，何らかの目的に適合的だろうか？
⑤ 結論が当事者にとって——あるいは，当事者に似た多くの人にとって——好ましい実際的効果をもたらすだろうか？
⑥ 従来の判例や学説が支持してきた法解釈と一致するか？ 一致しないときにはどのように理由づけるか？

第2節 法的解決の限界

　最後に，あなたがもつかもしれない一つの疑問に触れておきましょう。それは，A男とB子とのもめごとは，最高裁判所の下した判決のような形で本当に解決したのだろうか？　という疑問です。
　もとより，何を解決と見なすかによって，裁判での解決がどのように位置づけられるかが変わります。もし，当事者双方の心理的満足感を解決と呼ぶならば，A男あるいはB子のいずれかにいつまでたっても心理的なわだかまりが残る限り，永遠に解決はありえません。ですから，これまで述べてきた裁判所の手による解決は，あくまで法的な解決です。それ以上でも以下でもありません。お金の支払いで解決したと見なすことができるような解決です。ここには，法的解決の限界があります。逆に言えば，法的解決以外にもいろいろな解決があ

りうるのです。何も法が私たちの生活すべてに介入し，完璧な解決こそが法的な解決だと意気込む必要はありません。法の外にも，私たちの豊かな生活は広がっています。あなたはまずは法律学を一所懸命学ぶことによって，同時に**法的解決の限界を心得て下さい**。

　もっとも，これを限界とだけとらえる必要もないかもしれません。人は永遠にもめごとと関わることには耐えられません。完璧な満足は得られないにしてもどこかでもうこの件はここまでにして次に進もう，という踏ん切りが必要です。法は，もめごとを制度上最終的に処理することによって，人々に次の一歩を踏み出すきっかけを提供しているとも解されます。そして，それは制度の智恵でもあります。

参 考 文 献

　いくつかの参考文献を以下に紹介します。

＊　論理展開一般については，苅谷剛彦『知的複眼思考法』(1996年，講談社) を読んでみましょう。身近な問題を題材としてさまざまな角度から考える方法を教えてくれる本です。

＊　法律学を勉強していると初めて目にすることばが頻繁に出てきます。そんなとき，『法律学小辞典　第4版補訂版』(2008年，有斐閣) や『新法律学辞典　第三版』(1989年，同上) を手元に置いて引いてみるといいでしょう。前者については，CD-ROM 版も出ています。

＊　法学入門については，さまざまな工夫を凝らした本が実にたくさん出版されています。それらはたいてい，現在の法律知識を体系的にあるいは具体的問題との関連で説明するものです。本書の用語で言えば，法的ルールの中身とその適用分野の解説です。その一方，法的思考についての分かりやすい参考文献はあまり見あたりません。ここでは，渡辺洋三『法を学ぶ』(1986年，岩波新書) だけをあげておきます。

　私は，具体的な法的問題を通じて，法そのものの特徴や法的思考の特質を徐々に理解していってくれればいいと思っています。とはいえ，具体的題材からルールへの道はかなり距離があります。そこで，今や古典的な川喜田二郎『発想法』(1967年)，『続・発想法』(1970年，いずれも中公新書) を読んでみましょう。具体的事実の断片からどのようにしてもっと抽象的な仮説を発見することができるか，その方法について有益な示唆を得ることができます。この方法はルール発見にも役立つはずです。

＊　小説も3冊紹介します。大岡昇平『事件』(1980年，新潮文庫) は，事実のあやふやさについて教えてくれるでしょう。水俣病について書かれた石牟礼道子『苦海浄土』(1972年，講談社文庫) は，水俣病の悲惨さと共に法的解決の特徴とその限界を考えさせてくれます。

　　また，A男とB子の事件が起こった時代背景や地方の姿を知るために，五木寛之『青春の門・筑豊編(上)(下)』(1972年，講談社) をあげておきます。

＊　道徳的議論と同じように，法的論理は必ずしも厳格な論理学に沿って展開されるわけではありません。むしろ説得の術とでも言うべきものに属します。そこでたとえば，浅野楢英「論証のレトリック——古代ギリシャの言論の技術——」(1996年，講談社現代新書) を手にして下さい。古代ギリシャの法廷弁論の一端を知ることができます。

＊　裁判の類型の一つとしてカーディ裁判をあげました。そこで，井筒俊彦『イスラーム文化』(1994年，ワイド判岩波文庫) を読んでみましょう。宗教と法が密接に結びついたイスラーム世界の様子がよく分かります。いわゆる西側世界だけが世界のすべてではありません。

＊　婚約が民法上明確に規定されている例として，ドイツ民法第1297条～第1302条を見て下さい。参考文献として，たとえば，D. シュヴァープ著鈴木禄弥訳『ドイツ家族法』(1986年，創文社) があります。

＊　本書で扱う判決例について，二つの文献を紹介します。一つは，民法解釈の方法という一般的議論との関連で本判決文も取り扱った広中俊雄『民法解釈方法に関する十二講』(1997年，有斐閣) です (特に27頁以下参照)。初学者にはかなり難しいと思いますが，実に興味深い本です。2010年現在絶版のようですが，図書館で読むことはできるでしょう。

　　もう一つは，唄孝一「『婚姻予約有効判決』の再検討(一)(二)」『法律時報』31巻3

号・4号，唄孝一＝佐藤良雄「続『婚姻予約有効判決』の再検討(一)(二)」『法律時報』31巻10号・11号です。本論文は，事件が発生した地方の慣習や下級審の判決文などを丁寧に検討しています。それによって，事件の背景が浮かび上がるばかりか裁判所が婚姻予約ということばをどのように多義的に使っているかが明らかにされます。

■著者紹介

陶久利彦（すえひさ　としひこ）

1954年　徳島県生まれ
1982年　東北大学大学院法学研究科博士課程後期課程中途退学
現　在　東北学院大学法学部教授　専攻は法哲学

主要著書・論文

青井秀夫・陶久利彦共編著『ドイツ法理論との対話』（2008年，東北大学出版会）
「『人間の尊厳』の根拠を求めて」（河上正二他編著『要件事実・事実認定と基礎法学の新たな展開』2009年，青林書院）710-735頁
「類推思考と類推解釈――民法94条2項の類推適用を素材にして――」（伊藤滋夫編著『要件事実論と基礎法学』2010年，日本評論社）163-184頁

Horitsu Bunka Sha

2003年1月20日　初　版第1刷発行
2011年4月15日　第2版第1刷発行
2015年9月20日　第2版第3刷発行

法的思考のすすめ〔第2版〕

著　者　陶久利彦
発行者　田靡純子

発行所　株式会社　法律文化社

〒603-8053 京都市北区上賀茂岩ヶ垣内町71
電話 075(791)7131　FAX 075(721)8400
URL：http://www.hou-bun.com/

© 2011 Toshihiko Suehisa Printed in Japan
印刷：共同印刷工業㈱／製本：㈱藤沢製本
装幀　白沢　正
ISBN 978-4-589-03334-5

武居一正著
法学部新入生のための学ナビ
四六変型判・122頁・800円

ノートのとり方,ゼミの選び方,試験対策など,勉強の仕方を具体的かつていねいに手はどきした新入生のための手引き。合格発表から前期試験まで時間の流れにそって,その時どきに生じる問題に応え,心構えをイラスト入りで楽しく語る。

君塚正臣編
高校から大学への法学
Ａ５判・216頁・2100円

高校で学ぶ地理・歴史・公民等の基礎知識・基本用語と連関させたユニークな法学入門書。各章冒頭に章の全体像を示す概念図を,章末には内容確認のための設問を設けるなど,学習を助ける工夫をした。

和田仁孝編〔NJ叢書〕
法　社　会　学
Ａ５判・306頁・3200円

かつてない分岐を迎える現代法社会学。その錯綜した方法論と学問領域の多様性を「法と社会の構造理解」「実践的問題関心」「方法論的アプローチ」という３つの次元から的確にマッピングする知的刺激にみちた教科書。

甲斐克則編〔αブックス〕
レクチャー生命倫理と法
Ａ５判・266頁・2600円

〈生命倫理と法〉のかかわりと全体像を学ぶための標準的教科書。ポストゲノム時代にあって問題が複雑化・広域化するなか,〈生命倫理と法〉の骨格および位相を概観するとともに,基本的問題および論点・争点のダイナミズムを概説する。

葛生栄二郎・河見 誠・伊佐智子共著〔HBB⁺〕
新・いのちの法と倫理
四六判・282頁・2600円

生命倫理をめぐる様々な「いのち」の問題を医療の実践や宗教論,文化論などもふまえ,多元的・包括的に論じる。急激に変わりゆく「いのち」の法・概念について,自身で考えるための手掛かりを提供。

——— 法律文化社 ———

表示価格は本体(税別)価格です